CONCOURS INTERNATIONAL

(Prix Ed. Romberg)

ORGANISATION DES SECOURS

Aux Victimes

DES

GUERRES MARITIMES

Conformément aux conclusions de la Conférence de La Haye

Mémoire récompensé

PARIS
INSTITUT DE BIBLIOGRAPHIE SCIENTIFIQUE
93, boulevard Saint-Germain, VI.

—

1903

ORGANISATION DES SECOURS

AUX VICTIMES

DES

GUERRES MARITIMES

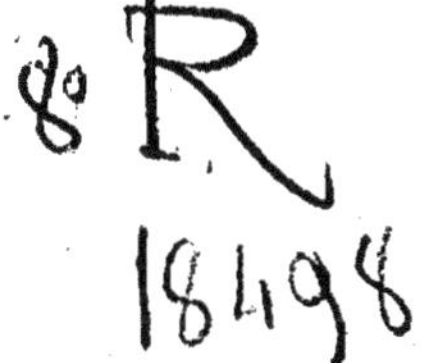

CONCOURS INTERNATIONAL

(Prix Ed. Romberg)

ORGANISATION DES SECOURS

Aux Victimes

DES

GUERRES MARITIMES

Conformément aux conclusions de la Conférence de La Haye

Mémoire récompensé

PARIS
INSTITUT DE BIBLIOGRAPHIE SCIENTIFIQUE
93, boulevard Saint-Germain, VI.

1903

INTRODUCTION

Et Compte rendu sommaire des Opérations du Jury.

A la suite du Congrès des Œuvres d'Assistance militaire de 1900, M. Romberg met, au nom de sa famille, une somme de 1,000 francs à la disposition du Bureau en le priant d'instituer un concours sur l'organisation des secours aux victimes des guerres maritimes et d'affecter cette somme à la création d'un prix à décerner au lauréat du concours, les dépenses accessoires devant être payées par une allocation supplémentaire à fournir par les donateurs.

Le Bureau du Congrès ayant accepté cette tâche, nomme une Commission d'organisation en l'autorisant à s'adjoindre, pour constituer le jury, un certain nombre de membres, en vue d'augmenter sa compétence, et son autorité et de donner aux concurrents étrangers toutes garanties d'impartialité.

Le jury est ainsi constitué par deux catégories de membres :

(*a*) Des Membres désignés par le Congrès, qui sont :

MM. les Vice-Présidents du Congrès :

« le Dr Riant, vice-président de la Société française de secours aux blessés des armées de terre et de mer.

« le Dr P. Bouloumié, secrétaire genéral de l'Union des Femmes de France.

« le Dr Duchaussoy, secrétaire général de l'Association des Dames Françaises.

MM. les Membres du Congrès :

« le Dr Vallin, médecin-inspecteur de l'armée.

« le Dr Bonnafy, médecin en chef de la marine.

« le Dr Vincent, médecin en chef de la marine.

M. Romberg.

(*b*) Des Cembres désignés par la Commission d'organisation du concours :

Un officier général de la marine : M. l'Amiral Péphau, président du Jury.

Un officier de vaisseau.

MM. les Attachés navals aux ambassades et légation des puissances à Paris.

La Commission d'organisation fait connaître le concours : 1° par l'apposition d'affiches sur tous les points où elle paraît devoir être le plus utile : ministères, préfectures maritimes, arsenaux, bureaux des chefs de service de la marine, écoles du service de santé de la marine, ambassades et légations ; 2° par l'envoi à un grand nombre d'exemplaires de la circulaire suivante à MM. les Vice-Amiraux commandant en chef, les

Préfets maritimes, les Amiraux et Commandants à la mer, les Chefs de service de la marine, les Directeurs du service de santé de la marine et des écoles de médecine navale de France, ainsi qu'aux diverses ambassades et légations, spécialement priées de transmettre ces documents à leurs gouvernements respectifs qui se chargeront de les faire porter à la connaissance des intéressés.

CONGRÈS INTERNATIONAL

DES

SOCIÉTÉS D'ASSISTANCE MILITAIRE DE 1900

CONCOURS

Sur l'Organisation des Secours aux Victimes des Guerres maritimes

NOTICE

Un concours est ouvert sur l'organisation des secours aux victimes des guerres maritimes.

Un prix de 1.000 francs (prix Edouard Romberg) sera attribué au mémoire couronné.

Des mentions honorables pourront en outre être accordées.

Le concours sera clos le 31 janvier 1902.

Les auteurs devront envisager la question au point de vue pratique, spécialement en ce qui concerne le matériel, le personnel et le fonctionnement ; ils devront étudier les éventualités diverses de la guerre maritime et le fonctionnement correspondant des secours.

Les mémoires seront écrits ou traduits en français. Ils ne porteront pas de nom d'auteur, mais le nom d'un grand homme et celui d'une ville. — Ces noms seront reportés sur une enveloppe jointe au mémoire contenant le nom de l'auteur.

L'enveloppe portant les mentions du mémoire couronné sera seule ouverte par le jury et le nom du lauréat sera proclamé ; les enveloppes portant les mentions correspondant à celles des mémoires, ayant obtenu seulement une récompense, ne seront ouvertes et les noms ne seront proclamés qu'avec autorisation des auteurs.

Le mémoire couronné sera publié par les soins du jury. Un compte rendu analytique des autres, avec citation s'il y a lieu, pourra être aussi publié.

Les mémoires devront être parvenus avant le 31 janvier 1902, dernier délai, à M. le Dr P. Bouloumié, secrétaire général de l'Union des Femmes de France, 29, rue de la Chaussée-d'Antin, à Paris, IXe arrondissement.

Ces envois sont accompagnés de la lettre ci-dessous :

Monsieur,

Nous avons l'honneur de vous informer que le Congrès international des Œuvres d'Assistance militaire a organisé un concours intertional sur les secours aux victimes des guerres maritimes, et nous venons vous demander votre bienveillant appui pour faire connaître son institution et ses conditions à tous ceux qui pourraient être tentés d'y prendre part.

A cet effet, nous nous permettons de vous adresser les documents suivants :

Affiches annonçant le concours ;

Notices indiquant les conditions du concours.

Nous vous serions très obligés, M   , de vouloir bien faire apposer ces affiches au point qui vous paraîtra le plus convenable pour cela, et de vouloir bien faire tenir ces notices à la disposition de ceux qui pourraient les demander.

Veuillez agréer, Monsieur, avec tous nos remerciments, l'expression de nos sentiments les plus distingués.

Le Secrétaire général,	Le Président du Jury,
Dr P. BOULOUMIÉ	Cire Al PÉPHAU
29, rue de la Chaussée-d'Antin, Paris, IXe	

Par suite de son changement de résidence, M. l'amiral Péphau est remplacé comme président du jury par M. l'amiral Richard, et M. le lieutenant de vaisseau Roustand de Navacelle lui est adjoint comme officier de vaisseau. Le jury ainsi composé se réunit le 6 février 1902 pour prendre connaissance des envois parvenus au secrétariat. Deux mémoires seulement ayant été envoyés, il est entendu que chacun des membres du jury en prendra connaissance à tour de rôle et que MM. Bonnafy et Vincent voudront bien se charger d'établir un rapport qui sera lu et discuté dans une séance ultérieure.

Le 21 mai, le jury se réunit de nouveau. M. le médecin en chef Ducheveau, qui avait pendant l'intervalle remplacé au ministère de la marine M. le médecin en chef Vincent, actuellement médecin en chef dans l'armée coloniale, et qui avait été adjoint à ce titre au jury, donne lecture du rapport en l'absence de M. le médecin en chef Bonnafy.

Après une discussion approfondie de toutes les questions envisagées dans le mémoire, à laquelle prennent part spécialement M. l'amiral Richard, président, MM. Vincent, Ducheteau, Vallin, Bouloumié, il est décidé :

1o Que, malgré les qualités très réelles de l'un des mémoires et son incontestable supériorité sur l'autre, le prix ne saurait lui être attribué, parce que : 1o son attribution, suivant l'expression de M. le Président, semblerait sanctionner toutes les idées émises et en faire pour ainsi dire un code de ce qui devrait être fait. Il y aurait à cela de sérieux inconvénients, les opinions de l'auteur n'étant pas généralement admises en ce qui concerne certains points, notamment le commandement du bâtiment-hôpital par le médecin et la place que doit occuper ce bâtiment pendant le combat.

Il en est de même en ce qui concerne certaines solutions proposées et qui ne seraient réalisables qu'au prix de dépenses pratiquement exagérées en personnel, en matériel et en argent, notamment celle qui prévoit des délégués dans tous les postes de secours des côtes, avec des yachts constamment en mouvement pour surveiller la mer et porter secours au premier besoin signalé ou découvert.

Les Jury estime en outre qu'au lieu de se livrer à une énumération un peu longue de tous les appareils de secours dont la plupart doivent être supposés connus, l'auteur eût été mieux inspiré en précisant les conditions d'installation d'un bâtiment de secours et en dressant une nomenclature de ces divers éléments constitutifs, en matériel de secours chirurgicaux et médicaux, pharmaceutiques, en matériel de sauvetage, en personnel.

Quoiqu'il en soit, le mémoire visé, bien étudié et présentant une réelle valeur est, aux yeux de tous, digne d'une récompense.

Les résolutions suivantes sont dès lors votées à l'unanimité ;

Le prix ne sera pas attribué.

Une récompense sera décernée.

Il n'en sera décerné qu'une seule.

Elle sera décernée au mémoire ayant pour épigraphe : « *Vita brevis, ars longa....* »

Le montant de cette récompense sera de 600 fr. Le mémoire récompensé sera imprimé et tiré à 300 exemplaires dont une partie sera mise à la disposition de l'auteur.

Il sera indiqué que le jury ne prend pas la responsabilité des idées émises par l'auteur.

Ces conditions étant arrêtées, l'enveloppe portant la mention : « *Vita brevis, ars longa....* » est ouverte.

L'auteur du mémoire est aussitôt informé de la récompense qui lui est attribuée et il lui est demandé, s'il accepte que son nom soit publié ou s'il préfère, comm eil en a le droit d'après le règlement du concours n'ayant pas obtenu le prix, que son mémoire soit publié sans nom d'auteur. Sur le désir exprimé par lui en réponse à notre communication, le mémoire est publié sous forme anonyme.

Dr P. Bouloumié,
Secrétaire du Jury.

Nota : Le jury en décernant une récompense à l'auteur du mémoire ci-après entend lui laisser la responsabilité des idées qui y sont exprimées.

SECOURS AUX VICTIMES

DES GUERRES MARITIMES

CONFORMÉMENT AUX CONCLUSIONS

DE LA CONFÉRENCE DE LA HAYE

« Vita brevis; ars longa; oc-
« casio prœceps; experimentum
« periculosum; judicium diffi-
« cile... »

Ces maximes aussi concises qu'éloquentes peuvent servir d'exorde à toute entreprise environnée d'obstacles.

Nous les prenons pour devise de ce travail sur « les Secours aux blessés et aux naufragés des guerres maritimes », qui n'est lui-même que le reflet des efforts persévérants et des travaux accomplis par les diplomates, par les jurisconsultes et par les médecins dans ce dernier quart de siècle, en faveur de cette catégorie si intéressante de combattants, travaux auxquels les conclusions de la Conférence de La Haye viennent de donner une investiture officielle.

L'idée dirigeante de ces efforts était l'extension aux blessés et aux naufragés des guerres sur mer, du bénéfice de la Convention signée à Genève, le 22 août 1864, pour protéger les militaires blessés sur les champs de bataille des continents, « cette Convention », pour nous servir de l'expression d'un savant jurisconsulte, « ayant « transformé le devoir moral de s'occuper du sort des blessés en une « obligation internationale (1) ».

Les victimes des guerres sur mer, victimes du feu ou victimes de

(1) L. Renaut. — Union des Femmes de France, 1891.

la mer elle-même, étaient-elles donc moins intéressantes que celles des guerres continentales et fallait-il les abandonner sans retour ?

La Conférence de 1868, émue à la pensée de l'oubli des victimes des combats sur mer, ajouta à la Convention de 1865 neuf articles dont on connaît la vie précaire, et qui cependant repoussés par quelques puissances, ont pu, à défaut de mieux, servir de Code de secours temporaire, en 1870 et surtout en 1877-78.

Mais ces articles déjà insuffisants à leur origine vieillirent eux-mêmes comme toutes les mesures qui appartiennent aux périodes de création et de transition, et qui d'ailleurs ne suivent pas le progrès.

Les Congrès de 1887, 1892, 1897 ne modifièrent pas sensiblement la question. — Celui de Rome (1892) qui avait en main des documents considérables élaborés par les divers comités nationaux, se borna à un vœu stérile qui n'eut pas de lendemain.

Il fallait, en attendant des temps plus favorables, se rabattre sur les questions pratiques. N'était-il pas probable, en présence d'atermoiements peu justifiés, que le jour où ces secours prendraient corps, où les bâtiments-hospitaliers seraient à flot, ils seraient acceptés, et qu'on en assurerait la destinée ?

Pendant dix ans nous allons assister à des efforts d'autant plus méritoires qu'ils n'étaient pas sûrs d'avoir un lendemain officiel.

C'est l'Autriche qui, la première, force la porte de l'avenir en créant l'admirable Société des Dames de Trieste et de l'Istrie.

Puis, c'est le Japon qui, pendant la guerre qu'il soutenait contre la Chine, ayant souffert de l'absence de secours organisés, pour le rapatriement de ses malades, comble cette lacune en faisant construire deux transports-hospitaliers qu'il met aussitôt en service.

Ce sont enfin les Etats-Unis d'Amérique qui construisent, équipent et mettent à la mer plusieurs bâtiments de secours de haute-mer à grande vitesse, conçus et réalisés aussi vite que la pensée.

Toutes ces créations, chose à noter, *tombent dans le domaine pratique avant que la diplomatie en ait accepté et limité le rôle.*

Il restait évident que cette situation ne pouvait se prolonger davantage ; elle pouvait, en temps de guerre devenir la source de graves complications, d'incidents regrettables. — Il fallait aux secours, quels qu'ils fussent, une reconnaissance officielle.

C'est dans ces conditions que se réunit à La Haye, en 1899, la Conférence de la paix due à l'initiative d'un puissant Empereur, humain et généreux, conférence dont le but principal était de rechercher « les moyens les plus efficaces pour assurer à tous les « peuples les bienfaits d'une paix réelle et durable ».

Cette assemblée de diplomates de tous les Etats devait être appelée à se prononcer aussi sur l'existence des secours aux blessés et aux naufragés des combats maritimes et à lui donner, avec l'appui de leur haute influence, l'investiture qu'ils réclamaient depuis plus de trente ans.

Quel serait le caractère juridique de ces bâtiments construits et équipés aux frais de la Société de la Croix-rouge Japonaise? Devaient-ils, oui ou non, être traités selon les principes de la neutralité? Telle est la question que posa le représentant du Japon à la Conférence de La Haye (1).

La France qui avait rangé au nombre des questions qu'elle devait soumettre au Congrès l'étude officielle des secours aux blessés maritimes, demanda, qu'en même temps que la réduction des effectifs de guerre exagérés, l'on pensât aussi aux malheureux blessés et naufragés des combats sur mer, et qu'on leur assurât une protection analogue à celle que l'on accorde depuis trente-cinq ans aux victimes des guerres du Continent (2). Malgré l'opposition de quelques membres qui désiraient que l'on ne formulât que des idées générales, il fut décidé, à une grande majorité, que la question des secours maritimes, serait sérieusement examinée, et, si possible, résolue.

La France fut heureusement soutenue dans cette voie par la Belgique, le Danemark, la Suède, la Russie, etc., et son opinion prévalut.

En acquiesçant à ces vœux, la Conférence s'est élevée « contre la « théorie barbare qui voudrait faire considérer la guerre comme un « état nécessaire et les maux qu'elle engendre comme des maux « inévitables (3) ».

Mais le spectre de la guerre veille-t-il moins à nos côtés... Des

(1) La Croix-Rouge en Extrême-Orient. — Paris, Pédone, 1900, page 116. — Nous ferons remarquer que ces bateaux avaient simplement pour but les évacuations de malades et blessés.
(2) Conférence Internationale, page 19.
(3) Conférence Internationale, page 49.

préparatifs tout aussi inquiétants qu'au siècle qui finit, ne marquent-ils pas le début de celui qui commence, et, en attendant ces temps meilleurs, peut-on rester indifférent et immobile en face des victimes ? *Ars longa, vita brevis!*

Une voix sensible à ces maux a fait un généreux appel aux bonnes volontés et aux connaissances techniques, en invitant à rechercher la mesure dans laquelle il serait possible d'adapter les secours des blessés et des naufragés des guerres sur mer aux quatorze articles de la Convention n° 10, conclue à La Haye, le 29 juillet 1899.

Elle demande un mémoire « *sur les moyens pratiques d'assurer* « *les secours aux victimes de la guerre maritime, conformément aux* « *principes de la Convention de La Haye* ».

Topographie des Combats maritimes et Classification de ces Combats.

Les guerres maritimes peuvent avoir pour théâtre toutes les mers du globe.

Des navires, des escadres de nationalités qui sont en guerre, peuvent se rencontrer partout, dans les mers d'Europe, d'Afrique, d'Amérique ; leur rencontre, qu'elle soit fortuite ou volontaire, peut être l'occasion d'une affaire maritime. Avec les moyens dont la guerre moderne dispose, il peut y avoir, en quelques heures, des centaines de victimes.

Une convention diplomatique, destinée à sauvegarder les intérêts des blessés et des naufragés, si prévoyante qu'elle soit, ne peut avoir envisagé tous les cas. Elle s'adresse, d'ailleurs, à des nations différentes dont les lois, les coutumes, la manière de voir et de vivre peuvent différer beaucoup ; il est donc bon de leur laisser une juste initiative.

Et puis y a-t-il tant de différence entre les différents combats ? Il faut, pour le dire, consulter l'histoire :

On peut, en parcourant les cartes maritimes, et aussi en s'aidant des enseignements du passé, prédire à peu près les arènes de prédication, sinon d'élection, que des circonstances fortuites ramènent comme par une sorte de fatalité.

Les Océans ont leurs grandes routes comme les continents et, s'ils ne sont pas matériellement jalonnés par des bornes kilométriques, ils le sont, virtuellement par le compas du marin.

Ces chemins sont souvent les lieux d'élection des combats ; et s'il arrive qu'un chef ait intérêt, pour déjouer les plans de l'ennemi, à faire route dans le sud ou dans le nord de la voie ordinaire, ces cas ne portent guère atteinte au principe. Nous en dirons autant de la manœuvre qui consiste à serrer de près la côte, route maritime presque banale en maintes circonstances, et qui peut-être, plus souvent que jamais, sera dans l'avenir le théâtre des grosses affaires maritimes.

Malgré cela, il y a un grand intérêt au point de vue pratique, à grouper les combats sur mer. On admet généralement la classificacation suivante :

Combats près des côtes,

Combats de haute-mer,

Combats dans les expéditions lointaines ou pour la défense des colonies.

On voit que *cette classification est basée* surtout *sur les distances, sur l'éloignement des combattants de la mère-patrie ;* nous essaierons d'en tracer les limites qui, pour les deux premières, resteront passablement fictives.

a) *Dans le premier cas*, le combat a lieu dans la sphère d'activité des côtes (1); la terre est en vue ou très rapprochée, ce qui est d'une importance capitale pour celui des combattants qui est près de son territoire, car, généralement, en peu de temps, il peut y trouver un abri, un refuge tutélaire; et puis il peut s'échouer volontairement pour échapper à un ennemi qui le serre de près ; s'il s'échoue heureusement, il est encore chez lui. Enfin, soit par les sémaphores, soit à l'appel du canon, il peut obtenir des secours.

A part cela, ces combats peuvent être tout aussi tragiques que les combats lointains, réclamer les mêmes secours.

b) *Second cas* : Les limites des combats de haute-mer sont difficiles à déterminer d'autant plus qu'une définition devrait comprendre tous les Etats. Doit-on prendre pour limite la plus proche, la distance généralement admise par les marins pour délimiter la mer côtière : trois milles, environ 5.500 mètres? Mais au point de vue

(1) Consulter Godey, *de la mer côtière ou littorale*. Paris 1896.

où nous nous plaçons, cette distance est vraiment bien étroite et, en l'acceptant, ne serait-ce pas se rendre esclave de la lettre, qui n'est après tout que de convention, que d'appeler combat de pleine mer une affaire maritime qui se passe si près d'une côte ? L'Institut de droit international avait arrêté la limite côtière à six milles marins de la mer basse ; les Pays-Bas en 1895 ont proposé de doubler encore cette distance. Cette question de la mer côtière n'a jamais été résolue d'une manière très ferme ; elle vise trop d'intérêts différents. Dans l'espèce nous jugeons que cette délimitation n'a pas tant d'importance ; elle ne pourrait en avoir qu'au point de vue de la présence ou non d'un bâtiment de secours civil et de la distance à laquelle il devrait offrir ses secours à une armée navale, question que nous traiterons plus loin. *Nous accepterons la moyenne de six milles, et nous pensons qu'elle ne soulèvera pas d'objection.*

Quant à la limite la plus éloignée, elle serait indéterminée si elle ne devait toujours rester en dehors des expéditions coloniales et des défenses de ces possessions qui forment naturellement un groupe à part.

c) *Le troisième cas* comprend les affaires maritimes qui ont pour but les expéditions lointaines et spécialement la défense des Colonies. Elles réclament, à cause des distances et de la longueur de l'absence, des prévisions spéciales et ne peuvent, en aucun cas, être confondues avec les deux autres.

Ce sont surtout, comme on peut en juger, affaires de distances et de temps.

Les points faibles de cette classification doivent sauter aux yeux des marins ; notre devoir est de les faire ressortir aux yeux de tous. En quittant un port, un chef d'escadre a ou aura toujours des instructions de son Gouvernement. Mais, si nous basons notre appréciation sur des affaires trop récentes pour être déjà oubliées, des ordres fermes, émanant d'un pouvoir central, de livrer ou non bataille, deviendront probablement de plus en plus rares ; un groupe de bâtiments qui prend la mer, ne peut savoir ni où ni quand aura lieu le premier engagement et s'il y en aura d'autres. Une escadre quittant un port en temps de guerre prévoiera plutôt une longue absence, et s'approvisionnera en conséquence, sans se préoccuper autrement de savoir si elle se battra à 5 lieues ou à 50 lieues ; munie de tout son matériel, elle sera toujours prête à toute éventualité. *Les deux premières divisions de la classification sont donc passablement fictives dans la pratique, au point de vue de la prévision des secours* aux blessés et aux naufragés, puisque le lieu du premier engagement reste inconnu. Seulement l'escadre qui quittera son mouillage, ne le fera qu'à bon escient, c'est-à-dire avec l'idée bien arrêtée ou de livrer bataille ou de subir le choc de l'ennemi.

Elle sera beaucoup mieux renseignée que dans le passé d'abord par ses croiseurs, qui scruteront l'horizon pour lui fournir des faits divers, et aussi par les sémaphores. Si, de son côté, l'ennemi ne la craint pas ou la guette, le combat pourrait avoir lieu à une fort petite distance des côtes. Mais si, grâce à un heureux choix du moment, ou au mauvais temps, ou à un hasard favorable, elle évite l'ennemi, la rencontre ultérieure pourrait bien ne se faire qu'à bonne distance, quelquefois fort loin ; suivant le cas, elle sortira à toute vitesse ou à marche moyenne.

Ce que nous avons tenu à établir dans les lignes précédentes c'est la difficulté de prévoir les distances. Il en résulte une conséquence nécessaire, qui *est la nécessité de préparer ou d'organiser les secours comme s'il s'agissait toujours de combats de haute-mer.*

La Convention de La Haye, admet indistinctement tous les bâtiments de secours, quelle que soit leur origine, sur les champs de bataille maritimes.

Mais les nations useraient-elles de ce privilège ? Sans nous permettre de prononcer d'ostracisme, quand nous parlerons des Sociétés « Croix rouge » nous essaierons de délimiter leur rôle qu'il serait prématuré d'indiquer ici. Du reste, nous l'avons déjà laissé pressentir, nous pensons qu'il appartient à chaque Etat de régler la question chez lui et de faire un choix dans les répartitions.

Appelé cependant à donner notre opinion et à la soutenir, nous énonçons le principe suivant qui nous paraît devoir faire loi dans la grande majorité des cas :

Les bâtiments-hôpitaux appartenant à l'État, et armés par lui, mieux que tout autre peuvent avoir accès et être utilisés sur les champs de bataille de haute-mer (1).

(1) « Les bâtiments de secours fonctionneront pendant et après le combat. « — *Ils suivront les flottes belligérantes*, et seront aux ordres des Amiraux. » « Deuxième Conférence internationale. — Berlin 1869.

I. ROLE DU BATIMENT OFFICIEL

Au Xe Congrès médical international qui se réunit à Berlin en août 1890, le Docteur Wenzel, Médecin général de la marine allemande, fit une importante lecture (1) sur le « rôle des navires-hôpitaux militaires » dans les guerres maritimes. Dans des conclusions très étudiées et dont quelques-uns des articles seraient aussi vrais aujourd'hui qu'à cette époque, il avançait que les navires-hôpitaux militaires doivent accompagner les armées navales en temps de guerre ; qu'ils y seraient aussi indispensables que le Service de Santé en campagne et les ambulances dans les guerres continentales.

Si ce médecin expérimenté limitait à des secours purement officiels l'intervention de secours aux blessés sur les champs de bataille maritimes, c'est qu'il se rendait compte de l'extrême difficulté qu'il y aurait à faire accepter des secours d'origine civile.

« Leur rôle, ajoutait-il, est de prendre à bord les malades et les « blessés des bâtiments de combat et de les soigner convenable- « ment jusqu'au moment où il sera possible de les mettre à terre.

« Ces navires-hôpitaux seront donc armés de manière à porter « secours aux blessés et aux naufragés, dans les batailles navales.

Il apercevait cependant deux dangers « la capture du bâtiment « non neutralisé, et la crainte des projectiles pendant la lutte même, « ce qui nécessitait, d'une part, les plus grandes précautions, de « l'autre la contrainte, de limiter leur intervention aux rares inter- « valles favorables ». Si le second de ces dangers subsiste et subsistera, la Conférence de la Haye a fait disparaître le premier en réglant la neutralisation.

Dans quelle mesure les marines des Etats accepteront-elles la présence de ces bâtiments (2) ?

(1) Archives de Médecine navale. 1891.

(2) Le rapport allemand, déposé à la 5e Conférence internationale, prévoyait déjà cette annexion, page 69.

Les idées font lentement leur chemin ; mais quand leur heure a sonné, elles finissent par tomber dans la pratique et l'on est surpris de les voir acceptées de tous. — Seulement, le temps presse, car les préparatifs de guerre ne chôment point, — *Occasio præceps!*

Etudions donc son annexion à une escadre et son rôle.

Il y a dix ans, un mémoire émanant de la plume d'un officier distingué de la Marine Française(1) et qui, dans une certaine mesure pouvait être considéré comme le reflet de l'opinion d'alors, acceptait l'idée du bâtiment de secours officiel dans les combats de haute-mer, mais faisait d'assez vives objections à sa présence constante dans les escadres.

Or, pour obvier à l'annexion d'un navire de secours au départ de l'armée navale, il y substituait des rendez-vous à point fixe, en mer, pour les jours suivants.

Des mémoires furent écrits à l'époque, qui combattirent cette doctrine, essayant de démontrer qu'elle serait pleine de déceptions ; que si l'idée d'un rendez-vous était acceptée, ce serait l'équivalent d'une formule de proscription indirecte d'un bâtiment de secours officiel des combats de haute-mer.

Après y avoir mûrement réfléchi, nous nous sommes rangés à cette manière de voir ; voici pourquoi :

La route que suivra un chef d'escadre dépendra non seulement des instructions qu'il aura reçues avant son départ, mais aussi, et peut-être davantage, des combinaissons qui résulteront des divers renseignements que lui fourniront ses avertisseurs mobiles, les croiseurs.

Est-il avéré que cette source nouvelle de renseignements ne serait pas en contradiction avec les instructions qu'il tiendrait de son Ministère et ne l'obligerait pas à modifier sa route ? Ne peut-il d'ailleurs avoir à soutenir un combat dans les douze heures qui suivront son départ ?

Il ne faut pas qu'une cause subalterne comme celle d'un rendez-vous donné, devienne une source, même minime, d'indécision chez un chef.

Encore moins qu'un bâtiment cuirassé, laissé en faction au point

(1) Commandant Houette.

indiqué, pour l'attendre soit, par ce fait, compromis, peut-être perdu (1).

Encore moins que le sauveteur, par la direction qu'il suit pour obtempérer à un ordre reçu, devienne involontairement le fil d'Ariane que saisirait un croiseur, peut-être une escadre ennemie, pour prendre contact.

L'erreur du passé était basée sur une fausse appréciation des vitesses : On partait de l'hypothèse d'un bâtiment de secours ne filant que dix à douze nœuds, tandis qu'il *faut que ces unités nouvelles aient la même vitesse moyenne que celle des escadres qu'elles accompagnent*. — Ainsi ont pensé les Américains en donnant à leur bâtiment de secours officiel le « Solace », destiné à accompagner leur armée navale, une vitesse moyenne de 16 à 17 nœuds. Toute vitesse inférieure à celle-là, il faut bien le reconnaître, serait inutile, bien plus, dangereuse pour l'escadre accompagnée, et nous serions le premier à dissuader de s'embarrasser d'un tardigrade. Ce serait un immense danger qu'il faut prévoir et éviter.

Notre conclusion est : *qu'une escadre qui part avec l'intention de se battre se fasse accompagner de son bâtiment de secours, en quittant le mouillage, et ayant sa vitesse, ou qu'elle s'en passe.*

Tel est notre avis ferme.

Nous nous empressons d'ajouter : Notre conviction est que l'annexion d'un bâtiment de secours officiel (2) aux armées navales est en voie de se faire ; que, soit par conviction, soit par imitation, soit par tout autre motif, il deviendra dans quelques années, grâce aux conclusions de la « Conférence », un des éléments protecteurs des escadres allant au feu (3).

Nous abandonnerons donc toute autre hypothèse ; et, c'est dans ces conditions que nous allons étudier la contenance que paraît devoir tenir le bâtiment-hospitalier dans les combats de pleine-mer, que ces combats aient lieu à des distances très éloignées ou rapprochées du littoral.

(1) Congrès national des œuvres d'assistance en temps de guerre. — 1900, page 67.

(2) On remarquera que nous ne nous sommes servi, jusqu'à présent que de l'expression « Bâtiment officiel » et non « Bâtiment militaire ». Nous en dirons plus loin les raisons.

(3) Dr Clayton. *Arch. méd. nav.* p. 381, § 4.

Si, par le fait d'une appréciation différente de celle que nous soutenons en ce moment, des bâtiments de différentes provenances (Sociétés de la Croix-Rouge ou neutres), etc..., étaient appelés à accompagner les escadres, ou plutôt étaient annexés (1), ce qui serait plus vraisemblable, *ils trouveraient dans ce qui va suivre, comme les bâtiments officiels eux-mêmes*, les éléments de la ligne de conduite qu'ils auraient à observer ; car c'est le *rôle du bâtiment-hôpital en général, son rôle de secours* que nous allons tracer en le soumettant aux exigences d'une armée navale en suivant pas à pas les conditions diplomatiques qui ont été fixées par la Conférence de la paix.

Double rôle du Bâtiment de Secours officiel

Le bâtiment de secours a deux rôles bien différents à tenir sur les champs de bataille maritimes :

A) *Le rôle de sauveteur de naufragés* ;

B) *Le rôle d'hospitalier des blessés, et des malades.*

Nous allons nous attacher à définir l'un et l'autre, ainsi que les manœuvres qui s'y rattachent.

A. — Rôle du Sauveteur.

A). — Si l'art de la *stratégie navale* consiste à conduire ses forces et à les répartir de manière à leur faire produire l'effet désiré ou recherché, il faut avouer que le bâtiment de secours, qui n'est pas une unité de combat, n'a pas de rôle dans cette stratégie qui vise seulement le combat.

Si sa présence sur les champs de bataille maritimes est tolérée, si elle est même encouragée au point de vue humanitaire (2) — les nations semblent être d'accord sur ce point, — c'est à la condition qu'il n'empêchera ni un coup de canon, ni une manœuvre ; s'il l'oubliait, se serait à son détriment et surtout au détriment de l'institution qui, de ce fait, serait compromise.

Si la *tactique navale* est l'art de tirer parti de ses forces en les utilisant un bon moment, il appartiendra, au contraire, à un chef

(1) Nous parlerons de cette annexion, p. 67 et suiv.
(2) Art. 4 de la Convention.

d'escadre de se servir pour le combat de toutes les unités techniques qu'il possède, de leur assigner leur poste, de les faire évoluer quand et comme il le jugera à propos. A ce titre, son bâtiment de secours doit avoir un poste désigné, variable selon les circonstances, ne restant pas étranger aux mouvements qui s'opèrent sur le champ de bataille, car son immobilité même pourrait devenir encombrante et funeste.

C'est un chapitre à part à prévoir dans la tactique du combat, que doit connaître également le commandant du bâtiment de secours, ne serait-ce que pour s'y soumettre.

Il existera des circonstances dans lesquelles le commandant en chef ayant autre chose à faire que de s'occuper de lui, laissera au Commandant du sauveteur une part d'initiative un peu plus grande, généralement prévue et accordée d'avance. Ces cas se présenteront souvent. Aussi, en raison de la difficulté, souvent de l'impossibilité qu'il y aura de correspondre par signal convenu sur un champ de bataille qui pourra être immense, il sera nécessaire de bien s'entendre sur ce point important afin de ne pas éprouver de retards, de mécomptes... (1).

Différentes phases de son rôle

Le rôle du sauveteur doit être envisagé :

a) avant,

b) pendant,

c) après le combat.

a) *Avant le combat.* — Est compris dans cette période le temps qui s'écoulera entre le moment où l'escadre quittera son mouillage et celui où commencera l'engagement avec l'ennemi, qu'il s'agisse de deux heures, de deux jours ou plus.

Tous les bâtiments ayant une vitesse moyenne identique, il sera facile au sauveteur, quel que soit son poste, de conserver ses distances, surtout de ne jamais perdre de vue son escadre.

Quelle que soit la formation à laquelle obéisse l'escadre (ligne de file, ligne de relèvement, ligne de front, ligne de spirale, contremarche...,) le bâtiment de secours, tout en gardant ou en prenant le

(1) Voir à la page 31 les résolutions de la Conférence Internationale.

poste qui lui a été assigné, ne contrariera jamais les manœuvres. Mais ces formations différentes doivent ou peuvent influencer la position du bâtiment de secours.

Tout en laissant aux marins le soin de déterminer cette position suivant les cas, nous sera-t-il permis de proposer quelques idées ?

En dehors du combat, si l'escadre marche dans l'ordre de file, le bâtiment de secours tiendra probablement la position de serre-file, c'est-à-dire qu'il sera en queue, à une distance à déterminer, par exemple de quatre à huit encablures pour ne pas gêner la marche de l'unité qui le précède immédiatement.

Les cuirassés d'une escadre en marche sont généralement distants les uns des autres de deux encâblures (400 mètres). Que l'escadre soit formée seulement de huit bâtiments de guerre de fort tonnage et cela représentera déjà une formation de 4.000 mètres.

Mais si l'escadre possède le double d'unités de combat, il peut y avoir avantage pour elle, afin de ne pas éterniser une ligne que la longueur affaiblit, à la disposer sur deux lignes. La position du bâtiment de secours varierait probablement en conséquence, soit sur l'alignement intermédiaire s'il y a deux lignes.

Peut-être y aurait-il intérêt parfois, à ce qu'il se tînt sur la partie arrière du flanc de la ligne, à babord, ou à tribord, mais toujours à une distance telle qu'il ne gênât pas les évolutions.

Supposons l'ennemi en vue, apparaissant à babord ou à tribord avant :

Les tacticiens prétendent que le rapprochement de deux escadres *qui n'ont pas de motifs de s'éviter*, se fait presque toujours par des routes opposées, ce qui paraît probable.

Si le fait est exact, la position du bâtiment-hospitalier sera facile à prévoir d'avance et des ordres lui seront donnés en conséquences,

Enfin si un escadre plus faible, mais de vitesse supérieure essaie d'échapper à une escadre plus forte, le bâtiment de secours devra prendre le large et jamais l'arrière afin de ne pas se trouver entre les canons de chasse de la deuxième escadre et les canons de retraite de la première. Mais si l'escadre poursuivante gagnant la poursuivie en vitesse, cette dernière se voit menacée d'être prise à revers et si elle revient à virer pour combattre à contre-bord, le bâtiment de secours devra veiller à ne pas être pris entre les deux.

Il en résulte :

1° Que le bâtiment de secours ne pourra jamais occuper dans les formations, qu'*une position qui ne puisse ni entraver, ni compromettre ces formations.*

2° La place du bâtiment de secours paraît devoir être plutôt en queue, sauf dans des cas particuliers qui doivent être déterminés par le chef, mais à une distance telle, qu'il puisse toujours rejoindre facilement l'escadre qu'il accompagne, *sans jamais la perdre de vue.*

3° Il ne pourra quitter la place qui lui aura été assignée que dans des conditions définies, à moins que sa sécurité soit manifestement menacée.

b) *Pendant le combat.* — Le rôle de combat du bâtiment de secours est à créer ; ce n'est qu'en se transportant par la pensée sur le champ de bataille et en analysant les scènes qui s'y passent que l'on peut se rendre compte de la manière de son intervention.

Pendant le combat, le bâtiment de secours ne peut être tout au plus qu'un sauveteur.

Mais ce rôle est-il même possible pendant l'engagement? — Les grands combats maritimes de ces dernières années ont duré de trois à cinq heures.

Dans la première phase, le bâtiment de secours ne jouerait évidemment qu'un rôle négatif, rôle d'expectation armée, prêt à intervenir à la première indication.

La distance à laquelle il doit se tenir des combattants en général, nous paraît devoir varier entre 4.500 et 5.000 mètres parce qu'il doit être toujours en dehors de la portée des pièces de gros calibre. — C'est une question qui demande à être fixée par les hommes techniques, vu qu'elle est grosse de conséquence.

Si l'attaque n'a rien de particulièrement brusqué, la première phase du combat sera celle des grandes distances. Il paraît que l'on ne compromettra pas son tir avant 4,000 mètres, mais qu'à cette limite on commencera le feu. On peut déjà se faire beaucoup de ma. à 4.000 mètres, si le tir est sûr ; les exemples en abondent dans tous les derniers combats, et il se fait de très rapides rapprochements qui peuvent en quelques minutes transformer les distances éloignées en distances très courtes. En cinq minutes, ils peuvent être à 2.000 mètres, à 1.500 mètres, en supposant qu'ils marchent à l'encontre l'un de l'autre, avec une vitesse de 15 à 16 nœuds (il est probable, pour la sécurité de leur tir, qu'ils ne dépasseront guère cette vitesse).

Si les uns ou les autres ne sont pas déjà hors de combat, ils vont se trouver dans cette phase intermédiaire des distances moyennes où les coups de l'artillerie sont extrêmement meurtriers. Mais tout dépendra des manœuvres des combattants : s'ils tirent parti de leur vitesse en évitant le tir normal, ils peuvent se faire moins de mal ; mais il peut y avoir loin de la théorie à la pratique.

A Santiago, à 2.000 mètres, l'escadre espagnole est criblée de projectiles par l'escadre américaine, les superstructures flambent et s'effondrent comme châteaux de cartes; les navires, *qui ont toujours trop de bois*, sont en feu... les blessés encombrent les voies.

Au Yalu, les croiseurs chinois le « Chih-Yuen », le « King-Yuen », le « Chao-Yang » et le « Yang-Wei » sont par le fond avec leurs équipages ; les hommes du « Yang-Wei » seuls ont prévu le coup et se sont mis en sûreté en quittant le bord.

Que sera-ce si les combattants se rapprochant les uns des autres, s'ils se canonnent à 500 mètres et même moins; en se touchant normalement à la quille avec des projectiles de rupture ; ou encore s'il se produit une mêlée dans laquelle plusieurs bâtiments après s'être couverts de projectiles, essaient de se torpiller, se rapprochent encore pour s'éperonner et réussissent à le faire ?

Quoique nous fassions toutes nos réserves sur ces dernières éventualités en présence d'une artillerie formidable dont la puissance augmente tous les jours, et qui a décidé du sort de presque tous les derniers combats, tous ces actes seront les procédés courants des guerres maritimes de l'avenir. Aussi, doit-on se demander ce que fera le bâtiment sauveteur, et même s'il pourra faire quelque chose?

Sur ce point important le rapport de M. le Dr Bouloumié, s'énonce ainsi :

« Une question à étudier est celle du moment où il pourra inter-
« venir. Il semble *a priori* que ce ne puisse être qu'à la cessation du
« combat, alors que les deux escadres ennemies rassemblent leurs
« navires, l'une pour fuir à un refuge ou pour échapper à l'escadre
« victorieuse, celle-ci pour poursuivre la première ou pour panser ses
« blessures. — A ce moment, le navire-ambulance pourra utilement
« accourir sur le lieu du combat et secourir les naufragés et les

« blessés restés sur les épaves. — Quant aux blessés des navires de « l'une ou de l'autre escadre naviguant encore, ce n'est pas à ce « moment qu'il pourrait les prendre à son bord (1) ».

Cette citation que nous faisons à dessein ne pose pas seulement une question, mais une série de questions très importantes qu'elle me paraît résoudre un peu rapidement et qui méritent d'être reprises.

Ainsi, « le sauveteur ne pourra intervenir qu'à la fin du combat seulement ».

« Il ne recueillera pas à ce moment les blessés ». Nous répondrons, oui, peut-être que les choses se passeront ainsi ; mais peut-être autrement.

Ne serait-il pas possible de faire mieux (2) ?

Nous ne pouvons l'affirmer; mais nous pensons qu'il faut le tenter, et surtout en rechercher les moyens.

Sans avoir la prétention de formuler des règles fermes destinées à remédier, comme dans un Code, à une série ininterrompue d'événements où tant d'éléments, y compris l'imprévu, sont appelés à jouer un rôle, n'est-il pas indiqué cependant d'analyser tout ces actes qui se succèderont comme la pensée, et de concentrer ses efforts sur les points qui sembleront accessibles ?

Sur cet immense champ de bataille, combien de temps durera l'ordre parfait, résultat d'une stratégie méthodique dirigée par les chefs?

Quoi qu'il soit impossible de répondre exactement à cette question que tant d'éléments divers peuvent modifier, il suffit que la plus forte des escadres, ou la plus heureuse, ou la mieux commandée, ou la mieux desservie, fasse une ou plusieurs brèches dans la seconde, pour que le champ de bataille *soit à un même moment le théâtre de luttes partielles qui peuvent présenter toutes les phases différentes des combats.*

Le cercle des combattants peut se rétrécir, et le théâtre de la lutte se concentrer sur une surface beaucoup plus limitée. Mais il peut

(1) Congrès International, Paris, 1900, page 63.

(2) C'était l'avis du rapport français déposé à la cinquième Conférence de la Croix-Rouge ;

« Pendant le combat, si un navire sombre ou brûle, recueillir les naufragés », page 70.

arriver aussi que ce cercle se dilate, s'étende par la tentative de fuite de certains combattants, et alors les éléments de combat s'éparpillent, se dispersent à l'horizon.

Pour éviter l'indécision de l'intervention du sauveteur et, comme conséquence de la confusion qui en résulterait, l'échec de l'intervention, nous pensons que la *surface du champ de bataille, au point de vue du sauvetage, pourrait être divisée en secteurs de secours.*

Division du champ de bataille en secteurs.

Voici comment nous le comprenons :

Nous avons supposé que chaque escadre engagée a, à sa disposition, un bâtiment de secours, ce qui fait deux sauveteurs, en admettant qu'il n'y ait que deux escadres en ligne ; s'il y en a trois, s'il y en a quatre, il pourrait y avoir trois, quatre secoureurs (1), à la condition que chaque escadre eût le sien.

En nous reportant au texte même de la Convention, que nous ne devons jamais perdre de vue, ces chiffres n'auraient rien d'excessif. Il pourrait dès lors se faire un partage de la périphérie du champ de bataille par moitié, par tiers et même par quart suivant le nombre des bâtiments de secours.

On ne tarderait pas à voir que cette hypothèse se réaliserait plus ou moins dans la pratique, un secoureur ne pouvant jamais traverser un champ de bataille, le trajet en diagonale lui étant interdit. Que de retard s'il fallait faire le grand tour ! Généralement les naufragés n'attendent pas.

Les secoureurs, loin de se grouper, se placeraient donc *comme des vedettes isolées, aux angles des secteurs*, resserrant instinctivement le champ de bataille, ou le dilatant suivant le cas, en conservant approximativement leurs distances. Chacun aurait la police de secours du secteur dont il aurait la garde, et guetterait spécialement les épisodes du combat dans cette partie du champ qui est confiée à son observation, sans toutefois y être attaché

(1) Ceci, nous dira-t-on, suppose une entente préalable entre les chefs. Évidemment. Or, comme il n'est pas moins évident que ce n'est pas en s'abordant à 4.000 mètres que des chefs fixeront les conditions d'une entente quelconque, *celle-ci doit être établie dès le temps de paix.* Nous reviendrons sur ce sujet plus loin.

d'une manière absolue si un signal pressant l'appelait ailleurs. Pour éviter toute confusion au moment de la rencontre des escadres, il pourrait être convenu qu'*un bâtiment de secours se dirigerait toujours à tribord des siens ; c'est-à-dire qu'il prendrait toujours la droite.*

Nous reconnaissons volontiers qu'il ne faudrait pas prendre à la lettre tout ce qui précède, sous peine de s'exposer à une déconvenue ; mais nous restons convaincu néanmoins que, dans les grandes lignes, c'est ce qui se passerait, ou à peu près.

On est toujours ramené au passé :

Lorsqu'on se reporte aux épisodes des guerres maritimes de ces vingt dernières années, que d'occasions pour un bâtiment hospitalier connaissant bien son métier et bien entraîné, de rendre des services (1) !

Que ce soit au Ya-Lu, à Wei-hai-Wai, à Santiago, à Cavite, partout, même pendant l'action, un hospitalier aurait pu sauver des naufragés. Nulle part le fait n'est si vrai qu'au Ya-Lu où des centaines sinon des milliers d'hommes disparurent sans secours dans les flots.

Initiative personnelle du sauveteur

Au moment où, de son poste d'observation, le sauveteur aperçoit, un bâtiment criblé par l'artillerie, torpillé ou éperonné, ne pourrait-il être admis qu'il peut, dans une certaine mesure, se rapprocher du sinistre, tout en attendant, ou en sollicitant par un signal l'autorisation de le faire d'une manière plus effective ?

Si cette autorisation n'était pas signalée ou si elle lui était refusée, il reprendrait son poste d'expectation ; si elle lui était accordée, il se porterait de toute la vitesse de ses machines sur le lieu du sinistre.

Mais il est possible, même probable, qu'avant de solliciter l'ordre, il l'aura reçu.

Du reste, *conformément aux résolutions de la Conférence internationale de* 1869, *le pavillon jaune, hissé par un bâtiment de guerre qui brûle ou qui coule, indiquerait qu'il réclame le secoureur.* —

(1) « Le navire-hospitalier pourra fréquemment approcher du navire qui « coule sans un trop grand danger ». (*Rapport français* déjà cité).

Ne pourrait-on faire revivre cette idée qui a fait l'objet de nombreuses décisions dans les Congrès de la Croix-Rouge, spécialement dans les rapports des Sociétés jusqu'en 1892 (1) ?

Sur cet Océan où vingt, trente, peut-être quarante navires de guerre peuvent être engagés à la fois, à tel moment donné, toutes les phases diverses d'un combat peuvent être représentées, combats à grande, à moyenne et à petite distances ; ici c'est un cuirassé dont les superstructures flambent ; là un autre vient d'être torpillé ; si l'on est peu éloigné de la terre, un, plusieurs bâtiments de guerre peut-être sont à la côte ; enfin, deux ou trois navires s'acharnent sur un autre et le criblent de projectiles.

Quelle ligne ferme de conduite pourrait-on tracer au sauveteur circonvenu par un si grand nombre d'incidents qui sollicitent tous sa présence, si les rôles ne sont pas partagés ?

C'est en se pénétrant à fond, et d'avance, de la pratique du sauvetage, et en laissant ensuite à l'imprévu la part d'initiative qui permettra toujours à un chef de prendre une décision justifiée quand les circonstances le commanderont, que le sauveteur trouvera l'occasion d'exercer son rôle humanitaire. Et si, comme nous le pensons, deux ou trois de ces secoureurs guettaient en même temps le signal d'alarme, peut-on mettre en doute qu'ils puissent, sans trop s'exposer eux-mêmes, rendre parfois les services que l'on attend d'eux ! — Ils se rappelleront cependant que le dévouement et la rapidité d'exécution n'excluent ni la prudence ni la soumission aux ordres des chefs. Le danger auquel ils s'exposeront sera toujours assez grand ! *Experimentum periculosum* !

(*c*) *Après le combat.* — Si nous n'avons admis qu'en faisant des réserves la possibilité d'une intervention des secours aux naufragés pendant l'action même, personne ne peut en mettre en doute la possibilité et l'utilité sur la fin du combat et surtout, sur les points isolés du champ de bataille où se produiraient des sinistres et où la présence du secoureur serait justifiée sans qu'il s'aventurât et sans qu'il compromît le combat.

(1) *Rapport français* 1892. — Conformément aux résolutions de la Conférence internationale de 1879, le pavillon jaune, hissé par un bâtiment de guerre qui brûle ou qui coule, indiquera aux bâtiments de secours qu'il réclame leur intervention. — Il n'y a de restriction à cette décision qu'un signal des combattants interdisant aux secoureurs d'intervenir.

Ne nous arrêtons pas à calculer ce qu'il pourrait sauver d'hommes.

En consultant les accidents maritimes de jour et de nuit, on se trouve en présence des chiffres les plus variables : Le « *Victoria* », en paix, en plein jour, et par mer calme, c'est-à-dire dans les conditions lesplus favorables, perd la moitié de son équipage, — le « *Victoria* » avait chaviré la quille en l'air.

La *Framée*, de nuit et par beau temps, ne compte que 12 hommes vivants sur 60... un cinquième !

Que préjuger de chiffres aussi différents ?

Il y a tant d'incidents qui peuvent aggraver ou atténuer les dangers de la situation ! la cause première du naufrage ; la dimension d'une voie d'eau ; l'explosion d'une machine ; l'état de la mer, l'heure de jour ou de nuit...

De quel manière le bâtiment disparaît-il ?

S'entrouve-t-il comme l'*Alabama*, sous l'effort des projectiles ; chavire-t-il comme le *Victoria* ; saute-t-il comme le *Huascar*, ou comme les cuirassés chinois à Ke-Lung ?

Ou bien, comme à bord de certains navires espagnols, sont-ce les flammes, léchant le dos des malheureux marins et les obligeant à se précipiter à la mer ?

Et les blessés ? Ajoutons qu'un sixième de l'équipage est peut-être alité, hors d'état par conséquent de s'aider pour se sauver.

Importance immense de la rapidité d'exécution c'est-à-dire de la vitesse

Surtout, que s'est-il écoulé de temps entre le moment où le navire a disparu dans les flots et celui où le sauveteur est arrivé à son secours, ce temps, court, ou prolongé, étant l'un des principaux facteurs d'un sauvetage heureux ou malheureux ? *Quelques minutes d'avance ou de retard peuvent décider de la destinée d'un équipage ; c'est ce qu'il importe de retenir* (1).

Pour décrire la manœuvre du relèvement des naufragés avec quelques détails, il faut faire abstraction des conditions trop désavantageuses et s'approprier plutôt des conditions moyennes.

(1) Quel service rendraient en cette occurence des secoureurs de vitesse suffisante ?

C'est ce que nous allons faire :

Le sauveteur, sur le signal de l'amiral (1), ou sur sa propre initiative, s'est porté au secours d'un cuirassé qui sombre.

Il était à 4.500 mètres ; *il lui a fallu huit à neuf minutes pour s'y rendre avec une vitesse de 16 nœuds* : pendant ce temps il a vu s'enfoncer, puis disparaître dans les flots dans un remous, en entonnoir, entouré de petits remous secondaires le cuirassé sur lequel il gouverne ; au moment où le sauveteur arrive à deux encâblures, (400 mètres), on n'aperçoit plus qu'une partie de la mâture à laquelle se raccrochent désespérément quelques groupes d'hommes.

Il a stoppé pour éviter un voisinage dangereux pour les survivants qui flottent, pour le bâtiment en péril aux trois-quarts submergé, et pour lui-même.

A ce moment solennel, il appartient au Commandant, en communion étroite d'idées avec le médecin-major du bâtiment de secours (2), sans interposition de personne, de procéder au sauvetage avec ordre et calme, et de faire observer la discipline des secours en allant autant que possible du plus au moins urgent.

a) Il y a les hommes qui sont à la mer, qu'il faut relever rapidement, mais encore y a-t-il des différences entre les uns et les autres, ceux qui ne savent pas nager (ils auront disparu, s'ils n'ont pas saisi une épave) ; ceux qui savent nager, qui se divisent eux-mêmes en ceux qui n'ont rien saisi et ceux qui ont pu saisir un corps flottant.

b) Il y a ceux qui n'ont pas quitté la partie du bâtiment qui surnage (que ce soit l'arrière, l'avant ou la mâture), et au nombre desquels il peut y avoir des blessés. Ces derniers sont parmi les plus dignes de pitié, ne pouvant rien sans le secours des autres.

Dans les combats du passé, le sauvetage des blessés a été des plus émouvants ; ils passaient les premiers ; on en sauvait parfois une forte proportion (3).

(1) Ou peut-être de lui-même, car les signaux seraient-ils possibles, seraient-ils vus ? L'initiative personnelle est nécessaire.

(2) Ceci était écrit avant que les rapports médicaux nous fussent connus.

(3) LE FEVRE. — *Histoire du Service de Santé de la marine.* Baillière, 1867. — AUFFRET. — *Archives de médecine navale*, octobre et novembre 1896.

Voici le tableau des divers cas possibles :

Hommes à la mer...	ne sachant pas nager. sachant nager. flottant sur une épave.
Restés à bord.........	blessés ou malades. valides.

Chaque groupe de naufragés réclame des moyens de sauvetage particuliers.

Des moyens de sauvetage qui s'appliquent à chaque cas.

En ce moment, nous ne les envisagerons que d'une manière générale, nous réservant de revenir plus loin sur les procédés en particulier, et aussi sur quelques innovations dont il serait bon de les faire bénéficier.

Supposons le bâtiment de secours à une encâblure du sinistré.

Tous les moyens de sauvetage dont il dispose, qui ne sauraient être trop nombreux, sont prêts ; prêts aussi les radeaux, les embarcations... avec leur rôle désigné.

A marche très lente, et en décrivant un demi-cercle, le bâtiment de secours met ses embarcations à l'eau avec, dans la main des patrons, *des instructions écrites, indiquant à chacun son rôle. Des fiches préparées d'avance leur seront délivrées,* et chacun s'appliquera, de toute sa vitesse, à se rendre sur le point qui lui aura été assigné.

Malgré quelques divergences qui se produiront nécessairement dans la pratique, entre les ordres donnés et l'exécution, on ne peut douter de la supériorité du procédé des fiches indiquant à chacun son poste et ce qu'il doit faire.

Dans l'exécution d'actes aussi différents, il semble impossible de laisser à la seule initiative de chacun le soin de choisir; car tous pourraient se porter sur les mêmes points ; ce serait le désordre là où l'ordre le plus rigoureux est de nécessité.

Sauvetage des naufragés qui sont sur une épave.

En même temps que le sauveteur s'est servi de ses porte-amarres, de ses canons-chariots, lignes de lancement de Torrès, de Brunnel et autres engins, l'une des escouades d'embarcations et de chalands s'est dirigée vers le bâtiment naufragé.

Sur l'épave il y a des blessés et des gens valides.

a) *Blessés*. — Dans des conditions aussi imprévues et aussi périlleuses, il ne faut guère compter, pour débarquer les blessés, sur les moyens techniques. Si l'usage en est possible, tant mieux ; on s'en servira.

Si l'un des médecins est au nombre des survivants, il pourvoira dans les limites du possible, à ce transbordement auquel les moyens de fortune eux-mêmes feront peut-être défaut ; enfin, quel que soit le procédé, il surveillera ce passage avec la sollicitude que nos médecins ont toujours montrée pour leurs opérés ou pour les blessés.

« A bord du *Berwick*, le chirurgien major Monier-Lasserre procéda « au transbordement des blessés. Il accompagnait le dernier et « venait de laisser le vaisseau, quand celui-ci s'abîma dans les flots. « A bord de l'*Achille*, Saint-Hilaire poussa l'abnégation jusqu'à « l'héroïsme... Absorbé par ses devoirs professionnels, il ne s'aperçut pas que le vaisseau était en feu. Quoique sachant à peine « nager, il se jeta à l'eau en même temps qu'un matelot auquel il « venait d'amputer le bras, et il l'aida à se soutenir sur les flots « jusqu'au moment où des canots vinrent recueillir l'opérateur et « l'opéré » (1).

Si quelques-uns des blessés peuvent être fixés dans un hamac ou dans un cadre, — car il est douteux que, dans de pareilles conditions, on puisse avoir d'autre chose qu'un moyen de fortune, — on les descendra dans les chalands. Si l'on peut organiser un mât de fortune, le transbordement se fera plus régulièrement.

Mais les transbordements seront traités plus loin, en leur lieu et place ; donc n'anticipons pas.

(1) A. Le Fèvre. — Locution citée, page 35.

b) Valides. — Puis on procédera au débarquement des hommes valides ; on leur passera les ceintures de sauvetage, et on se servira des autres engins dont on dispose, et dont l'usage doit être parfaitement connu de tous, par des conférences faites dès le temps de paix. Les naufragés seront descendus dans les embarcations où l'on veillera particulièrement à ce qu'ils ne s'y précipitent pas tous à la fois. Par une mer houleuse cette opération est difficile, non sans danger, c'est alors que l'on voit les canots sombrer. Un canot à vapeur peut être d'un grand secours pour remorquer un canot dès qu'il est assez chargé, car la pire des choses est d'y embarquer trop de monde. Le chiffre doit en avoir été fixé, et écrit dans l'embarcation.

Sauvetage des hommes qui sont à la mer.

Au même moment le second groupe d'embarcations s'est dirigé vers les hommes qui sont tombés à la mer.

En même temps que ces mouvements s'effectuaient, le bâtiment de secours, en marchant lentement et en demi-cercle, a jeté à la mer tous les engins destinés aux naufragés : bouées, claies, radeaux légers, corps insufflés...

Nous entrerons ici dans quelques détails non seulement sur la pratique, mais sur la valeur des engins employés.

Appareils de sauvetage.

Les anciens moyens qui sont classiques sont la ceinture de sauvetage, la bouée réglementaire...

La ceinture de sauvetage, quel que soit le modèle, devra être donnée en grand nombre à bord de tous les navires de guerre comme il en faudra opérer une forte délivrance à bord des bâtiments de secours. Si l'objet n'est pas destiné à servir il ne s'altère pas ; donc...

Au Congrès de sauvetage de la Rochelle, M. Roussel a présenté un système de ceinture et de gilet de sauvetage faits avec du liège torréfié ; — c'est un costume. — *Il faut quelque chose qui soit très facile à mettre* sous peine de ne pouvoir être adopté et de devenir inutile. C'est souvent en quelques secondes qu'il faut le prendre où il est, le capeler et s'en revêtir, et se jeter à la mer. Il faut surtout que ce modeste engin soit toujours placé à la portée de la main et jamais ramassé dans des soutes, dans des armoires... sous peine d'être d'une absolue inutilité, car c'est toujours au moment où l'on y pensera le moins que l'on en aura besoin.

D'autre part, le capitaine Chuchagne a imaginé une ceinture de natation et de sauvetage qui paraît joindre la commodité à la légèreté.

Bouée de sauvetage.

D'abord la bouée classique :

Des marins consultés ont paru la préférer à tout autre engin ; — c'est une vieille amie. — Mais ne pourrait-on lui infuser un peu de jeunesse ? Et puis est-elle suffisante, même quand on l'a en nombre, pour un sauvetage de 50, de 100 hommes et plus qui flotteraient, très dispersés ? Evidemment non ; et c'est aussi le sentiment de nombreux membres de la Société de sauvetage : or cette Société doit avoir une part importante au chapitre.

Il faudrait des flotteurs légers, stables et à grande surface :

Nous voyons dans les *Annales du Bien* que M. Roussel a fait construire des bouées sectionnées, en liège torréfié, avec flotteur lumineux s'allumant instantanément et de lui-même, quand la bouée tombe à la mer. Les Sociétés de sauvetage sont plus à même que tout autres de fournir des données utiles sur ce point important de pratique.

Radeaux et bateaux.

Les bateaux de sauvetage peuvent être divisés en trois groupes :

a) Ceux qui sont destinés seulement à opérer le va-et-vient entre le bâtiment de secours et les naufragés ;

b) Ceux qui sont assez solides pour gagner la terre et pour y déposer les naufragés ;

c) Ceux, enfin, qui ne pourront servir que dans les stations de sauvetage, en partent et y reviennent.

Le premier groupe comprend tous les bateaux et radeaux légers qui ont été embarqués à bord du sauveteur dans le seul but de faire le va-et-vient. Ils ne possèdent pas les qualités de navigabilité. Doivent être surtout rangés dans cette catégorie, les légers canots qui ne pourraient à aucun titre affronter une grosse mer, et être dirigés avec sécurité pour gagner une côte. Nous pensons cependant qu'un compas doit en principe être déposé à bord pour éviter qu'ils se perdent toutes les fois qu'ils quittent le bord avec un homme embarqué pour les diriger.

Nous avons fait quelques recherches sur les radeaux. Nous avions eu l'idée de faire construire de légers radeaux, que nous appelions radeaux de la *Méduse*, en bois léger ou en feuille de liège, sur barils étanches comme base.

Le Dr Corre, de Brest, a travaillé également ce sujet. Il conseille de substituer au liège le bois de *Bilor* du Sénégal (1), presque aussi léger que le liège et dont les naturels se servent pour leur filets de pêche.

Ces radeaux auraient la forme de la projection d'un canot sur le sol. Il en faudrait plusieurs par bâtiment de secours.

Très légers, de taille moyenne, faciles à loger : et aussi à mettre à la mer ; car nous ne sommes pas partisan des radeaux de grande dimension pouvant porter de 40 à 60 personnes. C'est à ces grands radeaux que l'on a si souvent dû des désastres.

M. Corre n'avait en vue que des radeaux pouvant recevoir six hommes. Nous trouvons ce chiffre un peu faible, et nous adopterions volontiers le chiffre de quinze à vingt, mais sans le dépasser.

Ils seraient munis de nombreuses traînes en cordes avec nœuds ou, mieux, en forme de trapèze. C'est qu'en effet tout naufragé qui a saisi une traîne peut se considérer comme étant en sécurité. Mais il faudrait être impitoyable sur le chiffre maximum des hommes dont le nombre y serait inscrit très visiblement ; c'est la garantie de la stabilité du radeau ou du canot, et les accidents viennent toujours des imprudences du nombre.

(1) Herminiera Elaphroxylon. — Adanson, qui l'a le premier observé, a reconnu ses affinités, en disant que c'était un espèce de Sesban. Le tronc de cet arbrisseau atteint un diamètre de six pouces et peut être débité en planches d'une excessive légèreté. Il doit cette propriété à une grande quantité de tissu cellulaire spongieux dans lequel sont plongées des fibres ligneuses. Il est susceptible de remplacer le liège dans une foule d'usages.

Ces radeaux quoique déposés en amont du courant ou du flot n'étant pas dirigés, subiraient l'influence et du flot et du vent, et il, est problable qu'il s'en perdrait quelques-uns. Aussi conseillerions-nous de fixer à l'arrière une godille dont s'emparerait le premier homme qui mettrait le pied sur le radeau.

Nous lisons dans les *annales de Bien* que M. Roussel a imaginé un système de radeau de sauvetage extrêmement économique, consistant en caisses de tôle dont l'intérieur est rempli de liège torréfié entassé dans une enveloppe en toile.

Cet appareil, qui se replie sur lui-même et peut, à bord, servir de banc, ne pèse que 90 kilogrammes, peut être jeté à la mer par un seul homme et porter cinquante hommes ; il ne pèse que 45 kilogrammes s'il ne porte que vingt-cinq hommes.

Le même journal mentionne le radeau *Simonet*, destiné à recueillir les naufragés et à les transporter à terre au besoin (32 passagers sur chaque radeau.)

N'y aurait-il pas une autre idée plus pratique : celle d'adopter le principe des *Doris de Terre-Neuve* en les modifiant de façon à leur enlever leur caractère de canot, en leur donnant celui d'un canot-radeau qui, manié par un homme ou par deux hommes, iraient à la recherche des naufragés et en prendrait jusqu'à concurrence d'un chiffre qu'il faudrait fixer pour chaque unité de sauvetage, chiffre qui, par ordre supérieur ne serait jamais dépassé. A ce Doris-radeau pourraient être fixées des traînes permettant le remorquage des naufragés sur une longueur de quelques centaines de mètres, pour rejoindre le bâtiment-hôpital.

Nous citerons enfin, mais pour mémoire, le bateau Henry, inchavirable et insubmersible, dont nous indiquerons plus loin l'utilité près des côtes, car son usage nous paraît devoir être limité au service de terre aux bateaux naufragés et de ces derniers à terre.

Il faut rappeler à tout le monde, en temps de paix, que *celui qui tient une bouée, la traîne d'un radeau, peut se considérer comme sauvé* ; que le sauveteur doit se porter d'abord au secours de ceux qui courent les plus grands dangers, par exemple à ceux qui nagent sans avoir pu saisir un corps flottant ; les autres seront relevés après.

Nous avons supposé un temps maniable et de jour. Est-il besoin de répéter que plus le temps serait calme, plus la manœuvre serait facile et favoriserait le sauvetage ? Par un gros temps les difficultés seraient plus que décuplées et le sauvetage souvent impossible.

Quand la mer sera très grosse il ne faudra pas négliger le filage de l'huile qui a permis quelquefois des opérations par gros temps. On se sera muni des appareils de M. Vivier (1).

Mais les ténèbres succèdent au jour et jettent un voile sur cette scène inquiétante.

Les formes deviennent indécises et les recherches seraient vaines si les projecteurs électriques ne commençaient leur office. Ils permettent de fouiller la surface à la condition de s'orienter de manière à ne pas être aveuglé par l'éclat de la lumière.

Nous nous sommes informés de la distance à laquelle ils permettaient de découvrir un homme à la mer. Les réponses ont été variables. Nous nous arrêtons cependant à la distance d'une encâblure (200 mètres).

Il serait donc nécessaire de déplacer les projecteurs pour fouiller tous les recoins.

Rôle des embarcations des navires de guerre dans les sauvetages.

On n'a pas et on n'aura pas toujours de bâtiment de secours sur le lieu du combat ; et puis il ne pourra être partout à la fois. Plusieurs bâtiments de guerre peuvent être menacés de disparaître dans les flots sur des points fort éloignés et très différents les uns des autres. En parlant du combat de Santiago, « il n'est pas « admissible, dit le commandant de Bretizel (2), que les nombreux « blessés qui remplissent un navire de guerre ne trouvent à un « moment donné d'autre extrémité que de se jeter à la mer, où les « attend une mort certaine ».

Il ressort, en effet, de la relation de ce combat maritime que les Espagnols qui ne possédaient pas de bâtiment de secours, n'avaient pas non plus à leurs bords ce qu'il fallait pour le sauvetage, et spécialement pas assez d'embarcations.

Il faut des embarcations gréées de manière à pouvoir aborder un point quelconque de la côte : un canot de la *Viscaya*, sur lequel il y

(1) *Journal des femmes de France.*
(2) *Revue maritime*, avril 1900.

avait beaucoup de blessés, réussit, quoique sous le tir de l'ennemi, à gagner la terre sans être touché.

L'*Oquendo*, avec un simple radeau de calfat, établit un va-et-vient, et sauva beaucoup de monde.

Par contre, un canot à vapeur poussa trop chargé d'hommes et sombra.

L'auteur conclut que des embarcations nombreuses sont nécessaires, elles augmentent la force morale des équipages et peuvent être d'un immense secours dans un moment de détresse. Mais au point de vue du combat, tous les marins pensent-ils de même ? N'y aurait-il pas d'inconvénients à en multiplier le nombre à ce point de vue. Quand deux intérêts honorables sont en désaccord il faut éviter de tout sacrifier à l'un, mais chercher le moyen de les accorder. Nous pensons qu'il appartient aux marins de se prononcer en dernier ressort; mais les médecins ne peuvent que souhaite que l'on en augmente le nombre.

B) — *Rôle des Bâtiments-hospitaliers officiels.*

Les Bâtiments de secours officiels ne sont pas créés seulement pour relever les naufragés ; ils doivent également, sur les champs de bataille, tenir le rôle de bâtiments-hospitaliers.

Comme toute innovation n'est acceptable que dans la mesure de son utilité, nous sommes amenés à nous demander si un bâtiment-hospitalier accompagnant une escadre pourra, à la fin du combat, recueillir les blessés des navires les plus maltraités pour désencombrer le bâtiment de guerre, et pour les transporter rapidement dans un hôpital.

Ce doute peut étonner quelques personnes insuffisamment au courant des choses maritimes ; mais il nous importe de ne rien établir qui ne soit acceptable dans une question où tout, naguère, était à créer, tactique des secours comme tactique des combats.

Nous mettrons pour cela le bâtiment de secours en présence de quelques-unes des conséquences d'une affaire maritime.

I. — *L'escadre vaincue est poursuivie par l'escadre victorieuse qui est encore assez valide pour lui donner la chasse et pour en détruire les éléments dispersés*. Dans les anciennes guerres maritimes c'est ce que faisait l'escadre victorieuse coulant les vaisseaux les plus éprouvés, amarinant ceux qui n'avait pu s'échapper.

Est-il exagéré de supposer que cuirassés et croiseurs de l'escadre vaincue, chacun à la merci de ses infirmités, nous voulons dire de sa vitesse ébranlée ou compromise, essaieront de se mettre à couvert des efforts du vainqueur ?

Les uns privés de leur superstructures (elles ont été incendiées ou détruites), encombrés de blessés peut-être, mais ayant encore leur machine en bon état, grâce à l'épaisseur de leur cuirasse, s'en serviront pour s'éloigner à toute vitesse, avec l'intention de rejoindre le port le plus proche, ou bien de gagner le large pour se faire perdre de vue. S'exposeraient-ils à de vaines tentatives de transbordement de blessés ? C'est moins que probable.

D'autres moins favorisés, aux prises avec des navires ennemis, sont menacés de couler bas. S'ils sombrent, c'est une affaire de sauvetage. Mais si, à bout de résistance, un ou plusieurs de ces bâtiments de guerre sont capturés, que fera le vainqueur, s'il ne peut les amariner ? — Les coulera-t-il ? Quoique cela ait été écrit quelque part, il faut espérer, pour l'honneur du plus fort, qu'il n'en sera rien et qu'il ne coulera le navire qu'après en avoir fait sortir l'équipage (1). Et puis il est bon de penser aux représailles.

Ne serait-ce pas le cas pour le vainqueur de se débarrasser des nombreux blessés qui encombrent ses prises et de les confier au sauveteur plutôt que de les prendre à son bord, et la Convention de la Haye n'a-elle pas prévu le cas dans ses articles 8 et 9 ?

Le vainqueur ou les vainqueurs eux-mêmes ne seraient-ils pas heureux de lui verser l'excès de leurs blessés après une lutte meurtrière ?

Et puis, que resterait-il de médecins survivants sur ces tristes épaves ? Si l'on se reporte au passé, avec lequel le présent aura toujours tant de points de ressemblance, il y en aura aussi des médecins, parmi les mourants et les morts.

Or, l'hospitalier est muni de tout ce qu'il faut, en personnel et en matériel pour recevoir les blessés. Hésiterait-on un instant à s'en servir si la chose est possible ?

(1) *Archives de Médecine navale*, *1892*

On n'oubliera pas que le sort des prisonniers est réglé par l'article 9 de la Convention de la Haye ainsi conçu :

« *Sont prisonniers de guerre, les naufragés, blessés ou malades d'un belligérant qui tombent au pouvoir de l'autre. Il appartient à celui-ci de décider, suivant les circonstances, s'il convient de les garder, de les diriger sur un port de sa nation, sur un port neutre ou même sur un port de l'adversaire* ». Dans ce dernier cas, les prisonniers ainsi rendus à leur pays ne pourront servir pendant la durée de la guerre.

Cet article prévoit tout. Au vainqueur à décider du parti à prendre.

II. — *L'escadre victorieuse a trop souffert pour donner la chasse à l'escadre la plus éprouvée ; elle reste maîtressse du champ de bataille mais ne la poursuit pas.*

Dans cette hypothèse, l'escadre victorieuse usera de son bâtiment de secours à son gré. Il est même certain que ses navires les plus éprouvés, s'ils sont encombrés et surtout s'ils ont perdu leurs médecins, y déposeront au moins une partie de leurs blessés et malades. Qui les en empêcherait, puisqu'ils sont maîtres de la mer ?

Il est probable que l'escadre vaincue, profitant de ce qu'elle n'est point poursuivie, ne songera qu'à gagner un port de refuge. — Ce sont de ces questions que l'on ne peut préjuger qu'avec réserve et qui doivent être appréciées avec les chefs, auxquels appartient le dernier mot.

III. — *Les deux escadres ont tellement souffert que les éléments en sont épars et disloqués. Les bâtiments de secours, d'où qu'ils viennent, peuvent être extrêmement utiles aux uns comme aux autres ;* et on peut être assuré que les uns comme les autres ne refuseraient pas les secours qui leur seraient offerts.

Les bâtiments de secours, chargés de blessés, n'auraient à craindre que d'être visités par des navires de guerre ennemis, — ce que prévoit la Conférence de La Haye. — Ils se soumettraient à la visite règlementaire et à ses conséquences (art. 6 et 9), ils n'auraient rien à craindre qui ne soit prévu par elle.

IV. — Nous citerons un dernier exemple dans un autre ordre d'idées : *Plusieurs navires qui tiennent la mer depuis quelque temps, y sont soutenu un combat* de quelques heures.

Ils ont des blessés et des malades, pas assez pour rejoindre un port, trop pour les promener sur mer pendant une croisière qui doit se prolonger encore.

S'ils ont avec eux un bâtiment-hospitalier ou s'ils en font par hasard la rencontre, quelle que soit sa nature, n'est-il pas rationnel, si rien ne s'y oppose d'ailleurs, qu'ils lui confient leurs blessés les plus graves ?

Dans ces cas, surtout dans les circonstances exceptionnelles, les décisions à prendre seront toujours le fait du Chef d'escadre, ou bien le résultat d'une entente de ce Chef avec le Médecin qui l'assiste. Mais ne ressort-il pas de ces diverses situations qu'il est des cas fréquents où le bâtiment-hospitalier peut être appelé à rendre les services que l'on attend de lui, et son utilité n'est-elle pas suffisamment, nous ne dirons pas justifiée, mais établie.

Transbordements. — Pour que ces faits s'accomplissent, il faut que le transbordement, c'est-à-dire que le transport des blessés du navire de combat sur le bâtiment-hospitalier, soit opérable.

Pressentant l'objection, nous la devançons :

L'opération du transbordement en mer, est-elle facile, et même est-elle possible ?

C'est une question qui prête à la controverse. Nous sommes aussi éloigné de la trouver simple et d'exécution facile que l'on est, parfois, porté à la repousser sans en connaître suffisamment la possibilité et la pratique.

L'auteur du résumé (1) lu au Congrès international des œuvres de l'Assistance publique en temps de guerre, dit à ce sujet :

« Il faut éviter à tout blessé et malade un transbordement qui n'est « pas indispensable, tout transbordement à la mer étant une opéra« tion difficile, même par beau temps » (page 65).

Il en accepte cependant l'idée puisqu'il ajoute plus loin : « Quelle « que soit l'escadre que le navire-ambulance rallie plus tard, il « pourra, là encore, rendre des services en prenant à son bord tous « les blessés qui pourront à ce moment être transbordés (2) ».

(1) Docteur Bouloumié, *Congrès international*, 1900, page 65.

(2) Le cas a été prévu dans le rapport français déposé à la cinquième Conférence. « Après le combat, évacuer à terre les blessés qui encombreraient les navires de guerre », page 70.

L'idée est excellente ; et si cette opération présente d'incontestables difficultés, elle est loin d'être impossible.

Nous répéterons ce que nous avons déjà dit du sauvetage des naufragés : L'élément sur lequel se passent ces manœuvres est-il ou non maniable? C'est-à-dire les conditions, l'état de la mer s'y prêtent-ils ?

Avoir la prétention de transborder de nombreux blessés, et n'importe quels blessés, par une mer démontée, et même par grosse mer, serait tout simplement une aberration ; mais *il ne faut pas mettre les choses au pis pour établir qu'un acte est ou n'est pas faisable ;* il ne faut pas oublier davantage qu'un combat moderne, par grosse mer, serait plus que chanceux, le tir dans ces conditions étant extrêmement inexact.

Au contraire, transborder des blessés et des malades par une mer ordinaire, serait-elle même un peu houleuse, est une opération qui n'offrirait pas de difficultés; par mer très calme, ce serait une opération très facile.

Il est de cela comme de tant de choses qui dépendent de l'occasion et du moment. En 1896, en pleine Méditerranée, quatre brûlés d'un torpilleur sont transbordés sur le «*Magenta*» le tout très facilement; au besoin on en aurait transbordé beaucoup plus (1), sans la moindre difficulté.

Avant d'aller plus loin, nous poserons les deux principes suivants qui, pour un homme de métier, doivent être des axiomes :

a) — *Un blessé ne peut être transbordé que s'il a un pansement* ;

b) — *Le transbordement n'est que l'un des modes d'application des moyens de transport.*

a). — A bord des navires de combat, aussitôt que le dernier projectile aura été lancé ou reçu, le bâtiment appartiendra au personnel médical. — Peut-être en manquera-t-il de ce personnel ?... mais enfin, le médecin-major, ou, au besoin, le médecin qui le remplace, les infirmiers, les brancardiers, et aussi un certain nombre d'hommes valides de l'équipage, achèveront ce que l'on n'aura pu qu'ébaucher pendant la bataille; triage, puis transport des blessés en

(1) Déclaration verbale de M. le médecin principal, médecin-major du « *Magenta* », le Dr Hervé.

lieu sûr.... ou en lieu meilleur, petites opérations commandées par la nécessité.... pansements.

Le médecin-chef veillera à ce que chacun ait son tour.

Mais ici il faut faire une restriction : *Le transbordement ne sera vraiment utile que pour les bâtiments qui auront beaucoup de blessés.*

Cette opération ne s'effectuerait qu'après la bataille. Or un personnel médical restreint, et dont les circonstances auront probablement diminué le nombre, aurait-il le temps de procéder à un grand nombre de pansements longs et surtout aseptiques ? — Nous avons essayé d'obtenir l'opinion de quelques confrères. Elles ont été trop contradictoires pour nous être utiles. Faire en peu de temps des pansements importants, complets, aseptiques à 60 ou 80 blessés, peut-être davantage, nous paraît tout simplement impossible ; donc, à notre avis, il n'y faudrait pas compter; que faire alors ?

Nous sommes de ceux qui n'ont jamais abandonné la cause du pansement individuel. Nous la plaiderons encore dans ce mémoire pour des raisons qui nous paraissent destinées à prévaloir un jour, quand le conflit des idées aura fait place à une plus juste appréciation des faits. — Jamais le pansement individuel ne nous aura paru plus justifié qu'à ce moment (1); si un bâtiment de guerre à la fin du feu, a le cinquième, peut-être le quart de son équipage hors de combat, et s'il ne s'écoule qu'une heure, deux heures au plus, entre le dernier coup de canon et le transbordement, que faudra-t-il de temps, montre en main, pour qu'ils soient prêts à être transbordés ?

Voyons : 12 heures, 24 heures, et encore peut-être sommes-nous au dessous d'une juste appréciation (2).

Et surtout, aurait-on le temps de les panser d'une manière méticuleuse, aseptique.... Nous ne le pensons pas ? *Alors pourquoi ne pas leur appliquer le plus tôt possible un pansement individuel et n'opérer le pansement définitif qu'à bord du secoureur ?* Ils seraient pansés aseptiquement tout aussi tôt que s'ils étaient restés à bord du navire de combat, peut-être plus rapidement. *Et puis le pansement indivi-*

(1) Nous savons des combats dans lesquels des médecins ont opéré et pansé pendant dix-neuf heures sans se reposer.

(2) On peut avoir dans les postes secondaires des lots de pansements de plusieurs dimensions comme l'a conseillé le Dr Barthélémy dans les compagnies de débarquement. Mais ces lots peuvent être avariés, détruits par le combat. Ils ne doivent donc pas empêcher le pansement individuel.

duel n'est qu'un pansement temporaire, qui nè retarderait pas d'une minute les pansements aseptiques à bord des cuirassés même. — En revanche, si le transbordement se faisait très rapidement, on serait assuré que tout blessé qui est transbordé, a ses blessures à l'abri des contacts indiscrets. Ce qui revient tout simplement à dire : vaut-it mieux attendre quelquefois 4 et 5 heures sans être pansé, vaut-il mieux être transbordé sans pansement du tout ou bien avoir ses plaies recouvertes par un pansement ouaté, individuel en ayant la certitude d'être pansé aseptiquement tout aussitôt ? — Pour nous la réponse n'est pas douteuse.

b) — *Le transbordement n'est que l'un des modes d'application des moyens de transport.*

Le médecin-major, avec l'assentiment de son commandant, aura arrêté d'avance les mesures à prendre. Il fera le dépouillement de ses blessés ; il les divisera en catégories.

1° Le lot des malades qu'il conservera à son bord, parce qu'ils n'ont que des blessures légères et qu'ils seront guéris après quelques jours d'exemption de service, ou bien parce qu'ils sont dans un état trop grave pour supporter le transbordement ;

2° Le lot de ceux qui pourront être transbordés, divisés eux-mêmes en ceux qui marcheront et ceux qui devront être portés.

Pour opérer un transbordement, il faut quelques dispositions spéciales, plutôt que des appareils ; cependant si l'on veut que l'opération marche rapidement il faut des treuils à vapeur, — tous les bâtiments de combat en ont. Le bâtiment-hospitalier doit en avoir également... c'est la première des conditions, elle est suffisante ou à peu près ; et puis nous dirons au fur et à mesure les moyens supplémentaires qui conviennent à chaque procédé.

Le transbordement peut être immédiat ou médiat :

a) *Immédiat.* — Le transbordement immédiat ou direct n'est possible que par calme plat ; mais enfin il est alors facile. Il s'effectuera le plus souvent par le sabord de charge.

b) *Médiat* — C'est-à-dire par l'intermédiaire d'une chaloupe, d'un ponton......

Premier procédé. — Moyen de transport fixe, réglementaire à bord des navires de l'Etat. — Gouttière métallique (système Auffret), sorte de collant métallique dans lequel le blessé est déposé sur une toile capitonnée munie de poignées. Le tout peut être enlevé en toute position depuis l'horizontale jusqu'à la verticale, sans secousse pour le blessé.

Cuirassés et croiseurs en possèdent.

Si le transbordement se fait de bord à bord, le transbordement est direct. S'il se fait par l'intermédiaire d'un chaland, la gouttière est déposée dans ce chaland, reprise par le treuil à vapeur du bâtiment-hôpital et déposée à bord de ce bâtiment.

Cette opération, nous le répétons, se fait sans la moindre secousse pour le blessé (1).

L'auteur appelle ce procédé fondamental, pour le différencier des moyens de fortune.

Le meilleur des procédés dits « moyens de fortune », est le hamac avec ses succédanés : M. le Dr Guézennec lui a fait subir diverses additions qui le rendent d'un emploi facile et commode, surtout pour le transport des blessés dans la position horizontale. Ainsi, en passant des hampes dans les coulisses latérales, on peut y porter très commodément un blessé en civière, en brancard, et comme le hamac existe en grand nombre à bord de tous les navires, on est sûr d'avoir toujours sous la main un moyen économique et facile à transformer. Mais il perd ses propriétés dès qu'il s'agit de transporter un blessé en positions oblique ou verticale, parce qu'un blessé grave ne peut être ficelé ou ligoté sans danger, sans aggravation de son traumatisme.

M. Du Bois Saint-Séverin, comprenant ces dangers et saisissant les avantages qu'il y a à ne pas déplacer un blessé, a proposé un lit spécial, décrit dans les *archives de Médecine navale* (1900), lit interchangeable qui mérite de fixer l'attention ; il présente les avantages du cadre. Mais il faut assez d'espace pour le laisser passer dans sa longueur vu qu'un blessé ne saurait être descendu en position verticale dans un lit.

Dans le Bulletin de l'Union des Femmes de France du mois d'octobre 1899, il est décrit un nouveau procédé de transbordement des blessés d'un navire sur un autre navire, ou d'un navire à

(1) En Angleterre on possède le hamac de Mac-Donald, le cadre de Gorgas et Loyd, la chaise longue de Dick, le fauteuil de Mowel, la gouttière de Clayton.

En Russie, la chaise de Miller.

terre, à l'aide d'une grue de chargement (on ne dit pas si elle est à vapeur, mais ce serait désirable), grue dont est munie le mât principal du navire. Le pivot de cette grue, au lieu d'être fixé au pied du mât, est monté sur un collier embrassant le mât et pouvant, au moyen d'un palan, être élevé à une dizaine de mètres au-dessus du pont.

Le blessé ligoté dans son hamac (?) est amené sur le pont; le bâtiment-hôpital est accosté bord à bord, c'est-à-dire à une distance de 8 à 10 mètres, place sa vergue de chargement perpendiculairement à son axe ; puis, au moyen d'une poulie fixe à l'extrémité de cette vergue, envoie à bord du navire un câble terminé par un mât de suspension. Le hamac du blessé est accroché à ce cadre ; puis les marins du navire hâlent sur le câble...

Suit la description de l'opération du transbordement.

Ce procédé, qui peut être très bon pour le transbordement de tout autre objet qu'un blessé, ne nous paraît pas être technique. C'est un retour au passé. On ne ligote pas un blessé grave dans un hamac, tout au plus le ferait-on pour un petit blessé. Il est évident que cette opération peut s'exécuter sans danger sur un blessé ordinaire, ou sur un bien portant ; mais nous ne croyons pas que l'on puisse s'en servir pour un blessé sérieux et surtout par n'importe quel temps.

M. le pharmacien Guillemin, de la Rochelle, a présenté un appareil qui aurait l'avantage de permettre l'embarquement et le débarquement à bord même, des canots de sauvetage, à bord des chalands traînés par les remorqueurs. Cet appareil, facilement transportable, ne pèse que 20 kilogrammes au maximum ; il a été reproduit dans le journal l'*Illustration* (1899).

Il se compose particulièrement d'un système de rails que l'on fixe verticalement au quai où on doit faire le débarquement, sur lesquels glisse de bas en haut le colis qu'on leur confie.

Nous n'avons pas vu l'appareil, mais il y a là une idée qui nous paraît être pratique quand le débarquement doit s'opérer d'un chaland sur un quai élevé par temps calme.

II. ROLE DES SOCIÉTÉS DE SECOURS

DANS LES GUERRES MARITIMES

DANS LEURS RAPPORTS AVEC LES SECOURS OFFICIELS

Le rôle du bâtiment officiel est défini et fixé.

Il nous reste à établir et à limiter la part que peuvent prendre dans la distribution des secours maritimes les Sociétés de la Croix-Rouge ainsi que les autres bâtiments qui n'appartiennent pas officiellement aux marines des Etats en guerre, et dont la présence a été prévue et autorisée par la Conférence de la Haye (yachts, bâtiments neutres, embarcations...)

En 1891, les Comités particuliers d'Allemagne, d'Autriche-Hongrie, de Danemarck, de France, d'Italie avaient recherché la solution des trois questions suivantes :

a) *Nécessité d'une entente diplomatique assurant la neutralité des secours ;*

b) *Rôle que pourraient remplir les Sociétés de la Croix-Rouge dans une guerre maritime ;*

c) *Matériel et personnel dont les Sociétés auraient besoin.*

La première question était la question de principe dont on attendait depuis de longues années la solution ! *Ars longa !* Elle a été résolue en quelques séances par la Conférence de La Haye, qui a créé la diplomatie des secours maritimes.

Il serait prétentieux ou prématuré de dire que cette Conférence a marqué une ère nouvelle dans l'histoire de l'humanité ; mais on peut affirmer qu'elle a ouvert une ère nouvelle dans l'histoire des secours maritimes et spécialement dans celle de l'histoire des Sociétés. Sous cette influence, l'horizon des secours sur mer s'éclaire : les Sociétés de toutes les nations sentent qu'il n'y a plus de limite à leurs efforts, que leur activité et leurs fonds de prévoyance.

Il est cependant une puissance avec laquelle elles doivent

compter: *les belligérants pourront toujours leur refuser leur concours* (article 4) ; et ce paragraphe suffirait pour compromettre leur intervention si laborieusement conquise, s'il n'y avait une entente préalable et même une répartition des secours des combats, proportionnée à leurs moyens financiers et à leur aptitude technique.

Nous rappelons la liste des bâtiments agréés par la Conférence et dont nous aurons à étudier successivement le rôle :

a) Bâtiments de secours des différentes Sociétés de la Croix-Rouge (article 2).

b) Bâtiments des particuliers (yachts, côtres, art. 3).

c) Bâtiments des neutres................ (art. 3).

d) Bâtiments de Commerce............... (art. 6).

e) Embarcations........................ (art. 5).

1° Quel sera le rôle de bâtiments de provenances aussi différentes ? Quoique chaque Etat reste maître de ses décisions, ne serait-ce pas s'exposer à faire fausse route que de ne pas assigner à chaque groupe la fonction probable qu'il sera appelé à remplir?

Si l'on n'en est plus à réfuter les « *indiscrétions et l'espionnage* », il n'est pas moins vrai qu'il faut s'appliquer à écarter des combats sur mer toutes causes de méprises et de confusions, ce qui veut dire tout élément de désordre parce qu'une discipline sévère des combats sera toujours l'une des premières conditions d'un résultat heureux, et que, l'exaltation des devoirs, sous le feu, doit avoir des bornes, et être réglée par les chefs, comme la tactique. —

Lorsque M. de Vogüé, en 1892, insistait sur la nécessité d'examiner de près les objections tirées de la nature spéciale des guerres maritimes, il ne faisait qu'appliquer aux guerres sur mer l'ostracisme dont les Sociétés sont l'objet dans les premières lignes des guerres continentales.

C'est ainsi qu'ont jugé l'Allemagne, l'Italie, l'Autriche-Hongrie, le Japon, la France..., en adoptant le principe que les secours militaires s'exerceront exclusivement dans les circonscriptions militaires. Ce sont les secours régimentaires officiels qui desservent les champs de bataille sur terre ; cette exclusion n'est-elle pas aussi impérieuse sur mer? — Si. Les secours officiels peuvent seuls répondre aux difficultés de toute nature des champs de batailles maritimes.

Lorsque nous parlerons du rôle de la Croix-Rouge japonaise

nous serons conduits à traiter de nouveau ce point important de pratique.

2° Autre question. — Quelles sont les ressources de la Société ou des Sociétés ? Y en a-t-il une seule dans les Etats en guerre ou bien, y en a-t-il plusieurs ? S'il y en a plusieurs, sont-elles unifiées diplomatiquement, ce qui veut dire virtuellement, ou le sont-elles d'une manière effective ? — Leur puissance en dépend. — C'est ce que l'on n'a pas toujours assez compris. — C'est de leur fonds de réserve, au moment du danger, que dépendra en effet et leur indépendance et leur grandeur ; le nombre, la dimension, la vitesse, l'entretien technique de bâtiments aussi coûteux, mais aussi le recrutement et l'instruction du personnel : car on ne saurait se dissimuler que la question du personnel, en apparence si difficile, et qui a une telle importance que le succès final en dépend, est beaucoup une question de prévoyance technique, mais aussi une question d'argent.

Une Société prévoyante doit drainer, canaliser, réunir en une bourse profonde et faire produire l'argent qui lui est confié, qui n'est qu'un prêt que fait la générosité du donneur dans un but défini, la réserve de guerre, dans le but spécial de créer des secours aux blessés ; et, à moins de circonstances très graves, elle ne doit pas en connaître d'autres.

Une société pauvre, en se plaçant au point de vue des secours maritimes, est vouée à l'impuissance. L'association peut seule l'en sortir. Mais comme elle le sent et qu'il est dans son rôle de se rendre utile, elle aura toujours de la tendance à s'*appuyer sur les pouvoirs constitués, spécialement sur les pouvoirs officiels*. C'est un défaut, bien mieux *c'est un danger*, parce que grâce à cet appui elle aura une naturelle tendance à se croire plus forte qu'elle ne l'est réellement et à sortir de son rôle utile.

Tous ces faits nous semblent de nature à éveiller l'attention des Sociétés.

— Quoique les Bâtiments de secours des Sociétés de la Croix-Rouge n'aient pas d'histoires, il faut leur rendre cette justice qu'elles ne sont pas restées inactives. Il en est même qui n'ont pas attendu les décisions de la Conférence de La Haye pour tenter des essais de créations maritimes.

A. — Ambulance maritime des Dames de Trieste et de l'Istrie.

La première des Sociétés qui, par ordre d'ancienneté, est entrée dans cette voie féconde et a vu ses efforts couronnés de succès est l'« ambulance maritime des Dames de Trieste et de l'Istrie ».

Le rapport du VIIe Congrès de la Croix-Rouge tenu à Rome en 1892, en a rendu compte. Le résumé qu'en a donné ultérieurement le mémoire du Dr Auffret et le *Journal des femmes de France,* en ont vulgarisé les idées.

Nous n'en redirons que ce qui est strictement utile à ce travail.

Trois pouvoirs, dont deux étrangers aux Sociétés de secours, l'Etat et une grande Compagnie, le Lloyd, acceptent, sous certaines conditions, de concourir à l'œuvre avec part de responsabilité, sous le Commandement de l'Inspecteur général des secours volontaires aux blessés; le tout d'après un contrat accepté des parties : c'est-à-dire partage des responsabilités avec atténuation, pour chacun, des charges et dépenses ; division du travail, unité du Commandement.

L'Administration. — La Société est régie par un système administratif qui pouvait être bon il y a une douzaine d'années, à l'époque de la fondation de la Société, mais que nous ne saurions conseiller aujourd'hui parce que, comme nous l'établirons, il en est de meilleurs.

Le Bâtiment. — La Société des Dames de Trieste et de l'Istrie s'est proposé deux choses ;

a) Le transport des malades et blessés appartenant à *l'armée* (*Landwehr* et *Landsturm*) ou à la Marine impériale et royale, d'un port aux hôpitaux d'un autre port, ou de la flotte de haute mer, à un port ;

b) La garantie de secours aux blessés et aux naufragés des parties belligérantes sans distinction de nationalité...

Reprenons le paragraphe *a*) :

La Société a pour but le transport des troupes de terre et de mer. Ce ne sont que des simples déplacements de port à port de

4

malades et blessés. — C'est comme si un de nos bâtiments-hôpitaux transportait des malades de Brest à Rochefort, ou vice-versa.

La seconde partie est « *et de la flotte de haute mer à un port.*

Mais les commentaires qui suivent vont nous en donner l'interprétation, car le rapport assimile plus loin le bâtiment de secours aux trains sauveteurs des Chevaliers de Malte, qui ne prennent certainement pas part aux combats des premières lignes. — Ce n'est donc qu'un courrier, qu'un train maritime de secours. Il établirait donc le va-et-vient entre l'escadre qui fait croisière, et dont la position est définie, et les hôpitaux de terre, pour la débarrasser de ses malades blessés et naufragés, mais il n'est laissé pressentir nulle part que ces bâtiments de secours, tels qu'ils sont organisés, suivraient les escadres de haute-mer et assisteraient aux combats maritimes ; et la chose est bien différente. Ces bâtiments de secours ne possèdent que 102 lits ; ils ne filent que 12 nœuds au maximum. Or, nous ne pouvons admettre qu'un bâtiment de secours qui ne file qu'un maximum de douze nœuds soit à même d'accompagner les escadres ; car si l'on réclame des cuirassés une marche de 15 à 17 nœuds, ce n'est pas, il est vrai, pour marcher toujours à cette vitesse, mais pour s'en servir dans les moments graves, quand il en sera besoin ; mais si le bâtiment de secours ne file qu'une moyenne de 12 nœud, il perdra de vue son escadre.

Pour conclure nous pensons que les secours maritimes, organisés par la Société des Dames de Trieste et de l'Istrie, seraient des secours de seconde ligne, des secours d'évacuation, des secours de l'arrière, mais non des secours de première ligne.

Malgré les critiques que nous nous permettons d'en faire, il faut rendre justice à cette Société pleine d'initiative qui, dans un Etat continental, a été la première à créer une institution qui restera le prototype de plus d'une Société similaire de l'avenir (1).

Conçue dans un esprit d'économie, cette institution devait donc attirer l'attention des Sociétés de la Croix-Rouge, dans un moment où, de tous côtés, on s'inquiétait des blessés maritimes et où l'on

(1) La Société autrichienne s'est enrichie, dans ces derniers temps, d'un cadeau princier, le « *Graf Falkenheim* » ce qui porte au moins à deux unités le nombre de ses bâtiments-hospitaliers.

recherchait la formule de la création de ces secours; mais à la condition que l'imitation n'ait rien de servile, parce que l'on a fait mieux depuis.

B. — Croix-Rouge japonaise.

Les Japonais engagés dans une grande guerre avec la Chine ne tardèrent pas à éprouver les inconvénients du manque de bâtiments de secours.

Ils avaient affrété cependant des vapeurs appartenant à des Sociétés privées; ainsi, le paquebot à grande vitesse le *Kobe-Maru* avait été transformé en navire-ambulance, et, devenu hôpital mobile sous la direction du médecin-chef et de trois médecins adjoints, il suivait l'escadre.

Après la guerre avec la Chine, les Japonais avaient pu réfléchir à loisir aux difficultés qu'ils avaient rencontrées, malgré les quelques avantages qu'ils avaient retirés de bateaux spéciaux destinés aux transports des malades et des blessés. Leur position géographique, quel que soit l'ennemi à combattre, les met toujours en présence de l'impérieuse nécessité des transports par mer; les transports maritimes sont et seront toujours leurs trains sanitaires; et, comme ils le font observer avec justesse, le nombre élevé de blessés et de malades à transporter pourrait réclamer l'affrètement d'un trop grand nombre de paquebots appartenant à des Compagnies privées, réquisitionnés eux-mêmes par l'Etat pour d'autres besoins. « Et s'il « est possible d'affréter quelques-uns de ces navires pour servir à « l'évacuation, on n'y trouvera pas commodité pour les malades, on ne « sera pas sûr d'avoir affaire à un bâtiment assez hygiénique pour « ne pas causer d'aggravation des blessures... »

De là à charger leur Société de la Croix-Rouge de créer des secours maritimes, il n'y avait qu'un pas.

Mais les sociétés, si répandues et si riches qu'elles soient, ont des moyens limités. Comment pourraient-elles entretenir des bâtiments, inutiles en temps de paix ?...

La Société Japonaise se rattacha donc à l'idée de l'institution autrichienne, en lui faisant subir des modifications appropriées à leurs besoins, rien n'étant d'ailleurs si opposé à une bonne gestion que la copie trop minutieuse d'une institution quand on veut l'adapter à un autre Etat.

Afin d'avoir des bâtiments-hôpitaux techniques, facilement et surtout rapidement mobilisables, la Société de la Croix-Rouge japonaise décida :

a) De construire à ses frais deux bâtiments sur des plans tracés par une Société d'Ingénieurs et de Médecins nommée par elle. Elle chargea de cette construction la Compagnie Nippon.

b) De les lui revendre ensuite au prix des constructions, payables en vingt ans, mais à la condition que la Compagnie Nippon les mettrait à la disposition de la Société de la Croix-Rouge à la première réquisition en les rendant à leur forme primitive, après trente jours en temps de paix et sept jours en temps de guerre.

Elle fit construire deux bâtiments, le *Hakuaï* (amour sans borne) et le *Kosaï* (bienfait sans cesse).

Leur tonnage total est de 2.771 tonneaux.

La longueur................	312 pieds anglais.
La largeur................	39.2
La profondeur..............	18.7
La vitesse est de............	14.25 milles marins
Chevaux vapeur............	878

Ils possèdent 208 lits ; chaque bâtiment a trois médecins dont un chef, un pharmacien, quatre infirmiers ou infirmières, un officier de marine ; un délégué.

Le personnel, les officiers, les mécaniciens et l'équipage sont fournis par la société Nippon : capitaine, lieutenant, commissaire, chef mécanicien, matelots, chauffeurs, maîtres d'hôtel, cuisiniers, en tout 74 personnes.

Aujourd'hui, le Japon a deux séries de bâtiments de secours : la première dont chaque unité peut porter de 100 à 200 malades ; la seconde de 200 à 400. Mais il n'est écrit nulle part que ces bâtiments transporteraient des naufragés, ce qui semble limiter leurs fonctions aux évacuations maritimes.

Pour comprendre qu'une société de secours aux blessés puisse, sans le secours de l'Etat, répondre à des charges aussi lourdes que celles-là, il faut connaître la Croix-Rouge japonaise, son organisation, son fonctionnement.

Dans un pays de 45.000.000 d'habitants il n'y a qu'une Société de la Croix-Rouge.

En 1898, le nombre des adhérents était de 570.000. Toutes les autorités du pays en font partie ; l'Empereur en est le chef. Ce sont toujours les Gouverneurs des départements qui deviennent les chefs des organes locaux de la Société ; l'emploi de sous-chef, toujours confié aux secrétaires et aux conseillers de Préfecture.

C'est *un réseau de secours* qui enlace le pays.

Ils en ont emprunté l'idée dirigeante aux pays d'Europe, et ils l'ont adaptée à leurs institutions.

Le baron Ishyguro, dans une circulaire adressée au chef du service médical des divisions, rappelle d'une manière ferme les droits et les devoirs civils des Sociétés : « Elles ne doivent jamais entrer en « compétition avec les pouvoirs militaires et empiéter sur elles. Sou- « mises entièrement au pouvoir militaire, elles n'ont pas le droit de « se *décerner des éloges pour leur humanité et leur dévouement*, « puisqu'elles n'ont pas le droit de choisir... Aucune œuvre, dans « l'intérieur de la zone combattante, n'est confiée à leurs soins. Dans « les moments d'excitation et de patriotisme exalté, l'œuvre paisible « et sédentaire n'est peut-être pas suffisante pour satisfaire toutes « les aspirations. Le personnel serait toujours mécontent du service « qu'il exerce dans la circonscription des étapes et désirerait « toujours qu'on l'expédiât dans la zone des troupes combattantes. « Mais ces sentiments conduisent, s'ils n'étaient modérés par de « sages réglements, à confondre la démarcation qui doit exister « entre le service de Santé de l'armée et celui de la Société. »

Si nous avons cité complètement ce passage, c'est pour montrer à quel point un pays qui ne possède qu'une Société de la Croix-Rouge, riche et gérée avec autorité, peut acquérir d'importance et avoir de crédit, tout en se tenant dans de sages limites.

En étudiant les rouages de leur organisation maritime, on constate qu'elle se suffit à elle-même, qu'elle ne doit rien à l'Etat. Tous les chefs en font partie c'est vrai, mais comme particuliers, et ses ressources sont telles qu'elle peut mettre à la mer et posséder en temps de guerre quatre bâtiments de secours.

Il résulte de ce qui précède que :

Les Japonais ne mélangent pas les secours civils avec les secours militaires sur les champs de bataille du Continent. Les confondraient-ils davantage dans les guerres maritimes ? Ce n'est pas probable ; c'est même certain. Pendant la guerre qu'ils ont soutenue contre la Chine, en 1894, ils n'avaient pas prévu de secours effectifs sur le champ de bataille même, on a vu que leur Société, depuis cette époque, a organisé une flotille de bâtiments de secours. Quand on voit la puissance de cette Société, non militaire, mais savamment militarisée, et soumise entièrement aux pouvoirs militaires, quand on voit l'élasticité avec laquelle ce pays se prête aux innovations et aux progrès, on ne peut douter du rôle que jouerait, dans une guerre maritime, leur Société de secours. Il y a fort à parier, après tout ce que nous savons que les bâtiments de secours actuels se borneraient aux secours de l'arrière, aux secours d'évacuation, et que leurs secours maritimes de l'avant seraient tenus par des bâtiments de secours conçus dans les mêmes conditions que les précédents, non militaires, mais officiels, payés et entretenus par l'Etat.

Nous verrons plus loin que c'est la pratique qu'ont suivie certaines nations, spécialement l'Allemagne, dans la guerre récente de Chine ; on peut affirmer que c'est l'idée qui présidera aux secours dans les guerres de l'avenir.

C. — Secours aux blessés de l'Amérique (Etats-Unis).

Si nous suivions fidèlement l'ordre que nous avons tracé, il serait plus logique de ne parler des marines Américaine, Allemande, Anglaise, Russe qu'en traitant des expéditions lointaines. On va voir cependant que, par la force même des choses, nous sommes conduits à en parler ici, — pour éviter les redites.

Quatre ans après, le Japon, les Etats-Unis d'Amérique créaient officiellement, par leurs ministères de la Marine et de la Guerre, des bâtiments de secours pour les combats de haute mer.

En 1898, avant la guerre hispano-américaine, parut un article du docteur Van Reypen dans lequel il insistait sur la nécessité d'avoir des hôpitaux flottants.

Le docteur Reypen, directeur du service de santé des Etats-Unis, jugeait, « qu'il était impossible d'avoir recours, en 1898, dans une « guerre moderne, aux moyens de secours « *qui servaient à la marine à voiles* ».

(Ce sont ses propres termes) « On peut avoir et on aura beaucoup « de blessés ; on peut être loin d'un hôpital.... etc. »

C'est sur ces observations qu'il proposait l'annexion à l'escadre d'un navire-hôpital de 330 lits, exclusivement affecté à ce service et dont tous les emplacements seraient attribués aux malades et aux blessés.

Il demandait un bâtiment filant quatorze nœuds; on lui en donna deux, le premier filant dix-sept à dix-huit nœuds, le second seize, munis de tout ce que la vie moderne a réalisé de plus confortable pour les blessés.

Pour que ces navires pussent rendre des services pendant la guerre, l'Etat acheta deux bâtiments que l'on transforma avec une merveilleuse rapidité en bâtiments-hôpitaux.

Le premier, le vapeur « *Créole* », qu'on appelait *le Solace*, d'une longueur de 112 mètres 50, d'un déplacement de 3800 tonnes, fournissant une vitesse de seize à dix-huit nœuds, avec dans la cale une réserve de combustible, des magasins de provisions, et spécialement tout ce qui est nécessaire au bien-être des malades.

Sur le pont, après le poste d'équipage qui tient l'avant, une grande salle divisée en deux pour les malades et les blessés.

Toujours sur le pont, mais à l'arrière, une autre salle, séparée de la première par la blanchisserie, le séchoir, la glacière, la pharmacie, le logement du pharmacien et des officiers subalternes, des infirmiers.

Les salles de malades ont, chacune, salle de bains, water-closets.

Sur toute la longueur du pont règne un rouf contenant à l'avant: la salle d'opérations, qui est au-dessus de la première salle de blessés, communiquant avec elle par un ascenseur, où l'on dépose la voiture roulante sur laquelle repose le blessé.

La salle d'opérations au parquet caoutchouté, aux parois émaillées de blanc, possédant tous les appareils et instruments que l'on peut souhaiter à une salle opératoire moderne; eau froide, eau chaude, appareil de stérilisation......

Toujours dans le rouf, plus en arrière, au-dessus de la seconde salle de blessés, et communiquant avec elle par un escalier, la salle de convalescents et la salle de repos....

Entre la salle de convalescents et la salle d'opérations sont les cabines pour les médecins.

A l'arrière du bâtiment une salle de contagieux.

Le bâtiment est inondé de lumière électrique, admirablement aéré par des ventilateurs; solidarisé par des téléphones.

Le navire armé possède quatre médecins de la marine et seize infirmiers.

Voilà donc réalisé le temple chirurgical que d'aucuns souhaitaient, il y a sept ans, pour les victimes des guerres maritimes (1). Désormais l'idée est acquise; elle fera son chemin.

Les Américains ont répété deux fois le même type ; et le « *Relief* » construit pour la guerre, quoiqu'un peu plus petit, n'est que la répétition du « *Solace* ». — C'est le «*Relief* » qui a été envoyé en Chine pendant la dernière expédition. Nous en reparlerons quand nous traiterons des expéditions lointaines.

Ces bâtiments, aux dimensions près, qui pourraient encore être augmentées, peuvent servir de type à toutes les constructions du même genre.

Rapidité de la marche et des évolutions (16 à 18 nœuds); encombrement réduit au minimum ; toutes les bonnes places, sans exception, réservées au service médical ; salles vastes, aérées, d'une impeccable propreté, aux parois lisses, sans récoins, sans arêtes, pouvant, suivant le but, contenir de 300 à 450 malades ou blessés ; salle de convalescents, salle d'isolement ; salle opératoire d'après les types les plus parfaits de l'art chirurgical moderne, muni de ce que la science offre de plus sûr, — ce qui n'exclut ni la simplicité, ni l'économie ; cabine de conserves, glacière, etc.

Ventilation, électricité, téléphone. — Water closet à syphon. — Bouteilles inodores sans filtration.

D. — Secours aux blessés de l'Allemagne
(Secours officiels et secours civils).

La marine allemande possédait, dans l'Extrême-Orient, pendant la dernière expédition de Chine, trois bâtiments de secours.

Deux étaient armés et entretenus par les départements de la guerre et de la marine : le « *Wittkind* » et le « *Géra* »; le troisième par la Société de la Croix-Rouge allemande: le « *Savoia* » (2).

Nous dirons quelques mots de chacun de ces bâtiments de secours.

(1) Secours aux blessés et aux naufragés... Paris, 1894.

(2) La marine anglaise a procédé de la même façon. Elle possédait en Chine des bâtiments-hôpitaux officiels et civils distincts, entretenus, les premiers par l'Etat, les seconds par les Sociétés, attachés à des rôles différents.

a) Les deux premiers, le « *Wittikind* » et le « *Géra* », sont de grands paquebots du Lloyd, de récente construction, qui ont été tous deux affrétés par l'Etat en vue des secours officiels à porter aux troupes et aux marins allemands.

Le premier devait porter 1.400 hommes de troupe, avec ordre après le débarquement, de lui faire subir l'adaptation nécessaire pour en faire un hôpital militaire, sous les ordres d'un médecin-major de l'armée (*oberstabarzt*), qui surveilla le déménagement.

Il fut ainsi transformé, à Nagasaki, en hôpital flottant, à la disposition des malades de l'armée.

Les literies avaient été disposées en salles pour blessés, fiévreux, contagieux. — Les locaux éclairés à l'électricité, bien aérés, chauffés à la vapeur. — Lits à roulis légers, facilement démontables, munis de planchettes latérales pour supporter les objets nécessaires aux malades. — Aucun encombrement ; parois des salles lisses, faciles à entretenir et à désinfecter, d'aspect agréable à l'œil. — Salle d'opérations très moderne, très claire (quatre sabords), avec nombreuses lampes portatives et à réflecteurs. — Pont recouvert de linoléum. — Deux tables métalliques perfectionnées. — Etuve à vapeur à désinfection. Salle pour pharmacie, salle de photographie, salle de radiographie. — Etuve à désinfection dans le genre de celle de Geneste et Herscher (vapeur humide sous pression). — Appareil à distillation d'eau de mer. — Machine à faire de la glace.

Ce bâtiment de secours était donc muni de tout ce qu'il y a de plus moderne pour porter secours aux blessés.

PERSONNEL. — 1 médecin-chef, commandant technique du bâtiment de secours.
1 sous-directeur, médecin-major de deuxième classe.
8 médecins en sous-ordre.
1 pharmacien.
12 infirmiers.
12 garde-malades (infirmiers auxiliaires ou brancardiers) militaires.
14 soldats ordonnances des officiers du bord.
L'équipage est l'équipage antérieur des paquebots, commandé par un capitaine de commerce.

b) *Le « Géra »*. — Bâtiment-hôpital à la disposition des malades de la Marine, établi sur le même modèle que le précédent : comme lui emprunté au Lloyd, mais plus grand, adapté et armé à Hambourg en 14 jours, pouvant contenir 500 malades; muni de panneaux avec ascenseurs; salles et lits comme sur le « *Wittikind* », — lits à sommier (toile métallique) — matelas qui peuvent être retirés et remplacés partiellement, isolement des lits suffisamment exposés pour les soins des malades ; — table, fauteuils, chaise-longue, appareils à douches, baignoires, cuvettes ; — coffres à pansements et à médicaments ; — salle opératoire absolument technique ; — pharmacie ; — cabinet d'analyses chimiques et microscopiques : — radiographie ; photographie ; — fabrication d'eau de seltz, etc...

Chauffage à la vapeur ; — éclairage électrique ; ventilation ; — water-closets confortables.

Personnel. — 1 médecin principal de la marine, médecin-major commandant ayant toute autorité médicale, administrative et disciplinaire ; 7 médecins de marine ; 1 pharmacien ; 40 infirmiers de marine ayant un dortoir et une salle de réunion (1).

c) *Le Savoia.* — Le troisième bâtiment de secours allemand, le « Savoïa » a été affrété par la Croix-Rouge allemande. — Le but, en le créant, a été le transport des malades entre la Chine et le Japon. Il a été transformé, à cet effet, à Yokohama pour le transport des malades. Dans ces conditions il a effectué plusieurs voyages pendant l'expédition.

Il est compris avec moins de luxe que les bâtiments dont nous avons déjà parlé, mais il offre cependant une très suffisante sécurité, cela veut dire que les dispositions intérieures en sont absolument techniques. Il possède l'éclairage électrique, a une étuve à désinfection, etc...

Le personnel hospitalier est composé de :

1 médecin de marine en activité, commandant,
3 médecins civils,
1 médecin de la marine en sous-ordre,
15 infirmiers.

Il y a 119 lits, dont 14 pour officiers.

(1) Ces renseignements sont empruntés à un travail de M. le docteur Bellet, médecin de deuxième classe de la Marine.

Tel est, en abrégé, le bâtiment de secours de la Croix-Rouge allemande ; on voit qu'il est conçu dans les mêmes conditions que les deux premiers.

L'Etat y est représenté par le médecin militaire commandant ; mais tout le reste appartient à la vie civile et, surtout, tout y est rétribué par la Société allemande de la Croix-Rouge. Le *Savoia* est entretenu entièrement à ses frais.

Mais les Allemands, par cette double création, n'auraient-ils pas résolu, dans ses grandes lignes, la question des secours sur mer ?...

Secours de premier rang opérés par des bâtiments affrétés prévus avant la guerre ou au moins dès le début de la guerre, conçus dans des conditions irréprochables de confortable, possédant tout ce que l'hygiène et la chirurgie modernes ont de plus parfait ;

Secours de second rang par des bâtiments analogues, mais uniquement armés et entretenus par l'argent des Sociétés de secours sans l'intervention des pouvoirs officiels ;

Mais les deux étant soumis au même système administratif : un médecin commandant cet hôpital flottant, comme le médecin dirige les hôpitaux à terre, et ayant sous ses ordres non seulement le personnel médical, mais aussi le personnel naviguant proprement dit. Il donne des ordres de direction, de départ, de séjour ; le commandant ou capitaine au long cours, ou un lieutenant de vaisseau auxiliaire y obtempère et y accomplit son service de marin.

N'a-t-on pas le droit de s'étonner qu'un Etat autocratique ait le premier introduit dans l'application des mesures d'une extrême libéralité, si favorables aux malades. Mais si l'on veut bien être juste, on reconnaîtra que ce système a été préconisé en France bien avant cette application à l'étranger.

F. — Bâtiment de Secours russe.

La *Czaritza* était un bâtiment de secours très élégant, du même tonnage que la *Savoia* (2500 tonnes) ; — trois grands compartiments en 3 salles 165 lits ; — chauffage à l'électricité ; — évacuait les malades sur l'hôpital russe de Nagasaki ; — possédait 3 médecins, 8 infirmiers, 6 infirmières.

G. — Sociétés françaises de Secours aux Blessés.

En France, les Sociétés de secours aux blessés des guerres sont au nombre de trois :

La Société de secours aux blessés militaires ;

L'Union des Femmes de France ;

L'Association des Dames françaises.

Tout en recherchant la manière d'intervenir dans les guerres maritimes pour y apporter secours et assistance, on peut dire que, jusqu'au commencement de l'année 1900, les Sociétés s'étaient bornées, en général, à faire des envois dans les expéditions coloniales, soit aux troupes à terre, soit aux marins à bord.

Ainsi, en Extrême-Orient, en Tunisie, à Madagascar, dans toutes les expéditions lointaines, marins et soldats avaient reçu avec bonheur et reconnaissance, des aliments supplémentaires, des douceurs, des médicaments de luxe, du tabac, des jeux.... toutes choses d'autant plus appréciées qu'on ne les trouve pas sur les lieux et que, malgré les meilleures prévisions, les Départements de la Guerre et de la Marine ne peuvent offrir que les denrées prévues par les règlements.

Du jour où les conclusions de la Conférence de La Haye ouvrirent un nouveau champ à leur intervention, les Sociétés s'ingénièrent à augmenter leur champ d'action et à se rendre plus directement utiles.

Il se fit dès lors, on pourrait dire un partage tacite dans l'attribution des rôles.

La Société, dite de l'Union des Femmes de France, dont l'initiative avait déjà provoqué des travaux sur le même sujet, manifesta nettement l'intention de participer aux secours maritimes dans les mers européennes, d'une manière plus effective, pendant que la Société des Secours aux Blessés armait et entretenait à ses frais un bâtiment-hôpital pour l'expédition de Chine.

a) Société de Secours aux Blessés des armées de terre et de mer. — Quoique notre intention soit de traiter dans un chapitre à part les secours dans les expéditions coloniales, nous sommes amenés, comme pour l'Angleterre, comme pour l'Allemagne... à fournir, dès à présent, des renseignements techniques sur le bâtiment de secours le « *Notre-Dame du Salut* », parce qu'en réalité, on ne tardera pas à voir que l'étude de ce bâtiment, comme ceux armés par les précédentes nations, constitue un intéressant chapitre de l'étude générale des secours maritimes, surtout dans une phase où tout est à réglementer, sinon à créer, et où toute idée nouvelle, fût-elle incomplète, doit être accueillie avec intérêt et reconnaissance.

Commençons par faire remarquer que le Département de la marine française, en vue de cette expédition lointaine, n'était pas resté inactif. Il avait envoyé trois transports-hôpitaux: la *Nive*, le *Vinh-Long*, le *Mytho*, qui devaient suffire aux premiers besoins, et surtout aux besoins de première ligne.

Mais est-on jamais sûr, comme le dit l'auteur de l'excellent rapport auquel nous empruntons les lignes et les détails suivants, est-on jamais sûr, malgré de nombreuses prévisions, d'avoir toujours assez de médicaments, de pansements, d'aliments de choix si chers aux pauvres malades.

C'est dans cet esprit, et pour remplir d'incontestables lacunes que la Société de Secours aux Blessés décida qu'elle enverrait sur le théâtre de l'expédition un hôpital flottant, sorte d'ambulance mobile à la disposition des armées de terre et de mer.

Ce bâtiment de 3,000 tonnes avait été nolisé d'abord par l'Eta. pour porter dans l'Extrême-Orient 500 passagers et 318 chevaux..,

Après un semblable encombrement, pour y mettre des malades il fallait faire subir au bâtiment une désinfection complète; on en comprendra la nécessité quand on saura que :

« Aux heures du lavage, le fumier, chassé par des torrents d'eau, « du pont où il s'accumulait depuis la veille, rentrait à bord par « les ouvertures extérieures de, la coque, envahissant batteries, ca- « bines, salles de bains.....

« Comme conséquence de cette souillure, une odeur fécaloïde « repoussante, aggravée par les températures exagérées de la mer « Rouge et de l'Océan Indien, fournissait l'odorat jusqu'au jour où « troupes et animaux ont été débarqués à Takou, et où l'on a pu « procéder à la désinfection. »

Voilà ce qui se passait au voyage d'aller.

Certainement la désinfection, d'après le médecin-major lui-même fut-elle opérée aussi complètement que possible, et nous reconnaissons, en effet, que de nombreux grattages et lavages furent très consciencieusement exécutés; mais après avoir traversé une phase aussi déplorable au point de vue hygiénique que celle dans laquelle s'était trouvé ce bâtiment-transport, sera-t-on jamais sûr de l'intégrité du local ? Et après avoir combattu, pendant tant d'années l'insuffisance des bâtiments officiels destinés à transporter des malades, après avoir condamné spécialement des transports-hôpitaux de l'Etat qui s'appelaient la *Creuse*, la *Sarthe*, la *Corrèze*, le *Tarn*, parce qu'ils avaient transporté troupes, bagages et chevaux, pourrait-on approuver sans réticence le retour à des pratiques que l'expérience du passé a jugées et repoussées ? Nous ne le pensons pas ; parce que, aujourd'hui, on connaît les dangers, parce qu'il serait déplorable de retomber toujours dans les mêmes fautes par d'impardonnables concessions que le devoir nous interdit de faire ici.

Nous nous empresserons d'ajouter, après cette déclaration ferme de principe, que, malgré des conditions d'origine aussi défectueuses, il a été tiré le meilleur parti possible de ce bâtiment-hôpital improvisé.

Quand on lit les dispositions intérieures qui ont été prises pour loger les malades, pour organiser le service médical, pour faciliter ou même pour rendre possibles les interventions, nous ne marchanderons pas notre admiration pour des efforts accomplis dans des conditions si difficiles et pour les résultats qui ont été obtenus.

Nous n'en dirons pas plus long, sur ce chapitre nous réservant d'y revenir quand nous envisagerons le service dans les expéditions coloniales. — Mais, dès à présent, nous devons constater les efforts accomplis par une Société, sans l'aide de l'Etat, et le but qu'elle se proposait a été rempli.

On verra les conclusions que nous tirerons de ces faits au point de vue des secours à organiser dans les guerres européennes.

b) Société de l'Union des Femmes de France.

Dès que les conclusions de la Conférence de la Haye furent publiées, Madame la Présidente de l'Union fit étudier les conditions dans lesquelles les Société civiles de secours aux Blessés pourraient intervenir dans les guerres maritimes (1).

Ecartant, dès l'abord, les Sociétés des combats de haute-mer, elle considéra comme une nécessité de réduire leur action aux eaux territoriales et de se limiter à l'installation d'hôpitaux flottants sur des navires affrétés.

Les conclusions données par le Bulletin de l'Union des Femmes de France étaient que :

1°. — En regard des hôpitaux auxiliaires de territoire, il faudrait créer ou développer dans les ports de guerre des hôpitaux organisés par l'Union des Femmes de France qui recevraient uniquement des malades et des blessés appartenant à cette catégorie :

2°. — Des navires aménagés par les soins de l'Union recueilleraient les blessés des combats navals et les débarqueraient à terre après leur avoir donné les soins d'urgence. Ils serviraient d'intermédiaires entre les hôpitaux créés sur les navires de guerre par le Service de Santé de la Marine et ceux que l'Union aurait préparés à terre.

3°. — A bord des navires de guerre, l'Union des Femmes de France pourrait embarquer des approvisionnements en fait de matériel chirurgical et médical, rappelant les caisses et paniers interchangeables qu'elle peut-être appelée à remettre au Service de Santé militaire pour les hôpitaux de l'avant.

Ce programme était vaste ; cependant il semblait se limiter sagement aux côtes, à des secours aux escadres, à des transports-hôpitaux pour les évacuations.

Quoi qu'il en soit et pour le mener à bonne fin, il était encore trop étendu pour que la Société pût l'exécuter seule. — Elle invita le Gouvernement dans la personne du Ministre de la Marine à y coopérer et, dès lors, elle prit fidèlement pour modèle l'organisation de l'Ambulance maritime créée par la Société des Dames de Trieste et de l'Istrie.

Nous n'entrerons pas dans les détails des correspondances officielles. — Les dernières datent d'avril 1900. — Le Ministre de la Marine donna son approbation aux propositions formulées par la Commission chargée d'installer éventuellement une ambulance à

(1) *Bulletin des Femmes de France.*

bord des navires du commerce (1). En conséquence, il fut décidé qu'il y aurait, le cas échéant, deux navires ambulances, un dans l'Océan, l'autre dans la Méditerranée, choisis parmi ceux désignés par le procès-verbal de la Commission d'études, qui se trouveront en France au moment voulu.

« Les bâtiments choisis doivent pouvoir fournir une vitesse de « 12 nœuds et d'un type représenté par un nombre d'unités suffi- « sant, pour qu'au moment d'une déclaration de guerre l'une d'elles « se trouve toujours à son port d'attache ; et le département mettra « ces navires à la disposition de l'Union des Femmes de France « avec le personnel ouvrier composé d'un second-maître infirmier « (service actif), deux quartiers-maîtres infirmiers de la réserve, « etc... »

La Société l'Union des Femmes de France, après avoir fait visiter par son délégué les bâtiments des Compagnies désignées ci-dessus, a décidé la constitution d'un matériel spécial nécessaire à leur transformation en ambulance maritime (1).

Ces approvisionnements comprennent essentiellement un matériel de secours équivalent à celui de deux hôpitaux de campagne de l'armée de terre, de nombreux moyens de sauvetage, parmi lesquels une chaloupe à vapeur pouvant remorquer un certain nombre d'embarcations.

Tel est, en abrégé, l'ensemble des secours à exécuter pour le temps de guerre, et cette organisation semblait viser seulement les secours de seconde ligne, les secours de l'arrière.

Il est vrai que nous lisons plus loin cette phrase énigmatique : « Les Marines n'ayant pas, en général, prévu l'organisation des « moyens de secours, les Sociétés d'assistance militaire doivent « s'en préoccuper ; ce qui veut dire que les Sociétés de la Croix- « Rouge doivent s'attacher à les créer. »

Nous n'insistons pas sur cette conclusion qui ne nous paraît pas en rapport avec les précédentes ; mais il y a beaucoup de raisons pour que l'on n'y attache pas une grande importance ; car tous les Etats pensent, au contraire, très sérieusement à organiser des secours. Certaines nations, comme on a pu en juger par l'étude analytique que nous venons de présenter, sont même très avancées dans cette

(1) Rapport du Docteur Boulomié — Congrès de 1900.

voie et n'ont qu'à suivre l'excellente initiative qu'elles ont prises. Reste à savoir quelles sont celles qui ont suivi la voie la meilleure, la plus sûre., c'est ce que nous allons rechercher.

Rôle spécial des Sociétés dans l'organisation des secours maritimes

Les secours maritimes par les Sociétés dans les mers européennes doivent se limiter aux côtes et à leur voisinage.

Les secours dans le voisinage des côtes se divisent en plusieurs parties, qui méritent une étude spéciale.

a) Secours maritimes le long des côtes, dans la mer territoriale ;
b) Secours à terre sur les côtes;
c) Service d'évacuation sur l'intérieur.

A) *Secours maritimes le long des côtes.* — Les occasions pour les Sociétés de secours, de jouer un grand rôle sur les côtes seraient nombreuses.

Envisageons un instant les côtes de France.

La France a 2.700 kilomètres de côtés baignées par trois mers : 2.100 par la Manche et par l'Océan ; 600 par la mer Méditerranée. Nous pourrions y joindre, sans que l'on puisse s'en formaliser, les côtes d'Algérie, de Tunisie et celles de l'île de Corse, l'Algérie actuelle pouvant être considérée comme une seconde France, dont les points stratégiques et les villes importantes ne pourraient être oubliés.

On peut juger, par cette étendue kilométrique, de l'importance des secours à organiser.

Il est inutile de passer en revue le réseau de nos postes maritimes ; mais il est évident que, la carte en mains, tous les ports de guerre et de commerce, tous les postes de torpilleurs et de sous-marins devraient être des centres prêts à lancer des secours sur les territoires qui les environnent.

Ce que nous disons de la France serait aussi vrai de l'Italie, de l'Espagne, du Portugal, de l'Allemagne, du sud de l'Angleterre.... Chaque pays devant pourvoir à sa défense côtière et aux secours correspondants ; mais il est incontestable, à nos yeux, que la France, l'Italie, l'Espagne, le Portugal et la partie de l'Angleterre baignée par la Manche doivent y penser plus que d'autres, grâce à leurs positions géographiques et à leurs rapports politiques. Nous laissons à chacun le soin de commenter cette idée parce qu'il ne nous convient pas d'en dire davantage ; mais les faits à l'appui abondent.

Tout comme, en parlant des bâtiments de secours, nous avons divisé le champ du combat en territoires, ou mieux, en segments, nous proposons de diviser aussi les côtes des Etats en territoires au point de vue de l'organisation des secours côtiers, en attribuant plus particulièrement tel territoire à telle société ou à telle section.... (1).

On en verrait rapidement les avantages.

La lutte s'engage entre deux croiseurs l' « *Halabama* » et le « *Kearsage* ». Le premier, traversé par l'artillerie, coule par le fond ; son équipage est à l'eau. « N'y avait-il pas place, s'écrie le « commandant Houette, pour une intervention de bâtiments de « secours qui eussent mieux rempli cette mission que les trop « faibles et trop nombreuses embarcations d'un yacht survenu for- « tuitement sur le théâtre de la lutte ? »

Cela est d'autant plus certain que le yacht en question n'était pas préparé pour remplir ce rôle ; et le même fait pourra se reproduire toutes les fois qu'un combat entre deux solitaires aura lieu à portée de vue, dans les eaux territoriales.

Si le bâtiment de secours n'est pas dans le port même ou dans le voisinage du port où se passe l'action, les rapides communications télégraphiques pourraient généralement lui permettre d'arriver à temps.

Le même rôle écherrait aux yachts et aux bâtiments de plaisance qui se seraient déclarés avant la guerre, et spécialement aux bâtiment des Sociétés de sauvetage.

Les bâtiments de secours des Sociétés destinés aux services côtiers devraient tous posséder des chaloupes à vapeur pour remorquer les embarcations, afin d'éparpiller les secours dans la sphère d'action de l'incident maritime. — Ils posséderaient d'ailleurs tous les moyens de sauvetage dont nous avons déjà fait l'énumération.

(1) Dans un pays comme le nôtre, où il y a plusieurs sociétés, l'une, par exemple, pourrait avoir en partage la Méditerranée, l'autre la Manche, la troisième l'Océan, ceci soit dit simplement à titre de renseignement.

Au lieu de deux croiseurs dont la rencontre très rapide peut, par cela même, rendre difficile ou impossible l'intervention d'un secoureur, supposons la rencontre de deux escadrilles, ne possédant pas de bâtiment de secours et cependant mettant en ligne quatre ou cinq navires. Ce serait un combat de plus longue durée, de deux ou trois heures peut-être. Les probabilités en faveur d'une présence efficace et d'une heureuse intervention à la fin du combat seraient plus grandes.

En se précipitant de toute la vitesse de leur machine, quand le feu aura cessé, ils pourraient jouer un rôle de « glaneurs de la mer », expression qui rend bien notre idée. Ils recueilleraient, glaneraient tous ceux qui surnageraient, soit les bons nageurs, soit ceux qui se seraient emparés d'un débris. — Nous avons déjà dit que tout homme flottant qui aurait pu s'emparer d'un espar, d'un débris, surtout si la mer n'est pas agitée, pourrait attendre l'arrivée du secoureur.

Il est un troisième cas dans lequel les bâtiments de secours civils rendraient plus de services encore ; ce serait pendant l'attaque d'un port ou pendant un essai de débarquement, que cette tentative se fasse au voisinage d'une grande ville de commerce ou sur un territoire peu habité, avec l'intention de prendre une ville à revers.

Quelle que soit l'hypothèse, succès ou désastre, il y aurait beaucoup de blessés et des naufragés : des embarcations ou des torpilleurs culbutés, submergés...

Il suffit de se reporter au combat de Wai-Hai-Wai, à l'affaire des forts du Péi-Ho ou à Cavite pour se rendre compte de ce qui se produirait sur les côtes d'Europe !

L'histoire du passé doit servir à l'histoire de l'avenir; car il n'est pas admissible que l'on perde 500, 1,000 hommes et même davantage sans rien tenter, sous prétexte que la guerre a de cruelles nécessités. En dehors des questions de sentiment, l'homme arrivé à maturité a coûté trop cher ! Ce serait injustifiable. Aussi bien n'en sommes-nous plus là.

B) Secours à terre sur les côtes. — L'entente est faite avec les sociétés de sauvetage ; les sociétés ont, d'autre part, dans les ports de guerre, de commerce et dans d'autres villes des centres d'approvisionnement ; il sera donc facile d'établir en des points choisis, des dépôts de pansements et des médicaments.

Ces dépôts devront-ils être très nombreux ? Nous ne le pensons pas, nous craignons l'égrènement des forces; nous appréhendons les approvisionnements clairsemés, morcelés, en petits paquets; car il est un minimum au-dessous duquel les dépôts n'auraient aucune signification.

Nous préférerions des dépôts très importants placés à des têtes de lignes, avec embranchements sur plusieurs localités côtières.

Aujourd'hui que le télégraphe et les chemins de fer permettent des communications et, par conséquent, des expéditions rapides, on pourrait faire filer des approvisionnements en quelques heures sur les points menacés.

Nous prenons un exemple :

Que signifieraient cinquante dépôts effectués par petits paquets sur autant de points différents ? On peut être assuré que l'on ne se battra guère sur plus de cinq points à la fois, ou du moins il n'y aura pas plus de cinq points réellement menacés. Mais, là où l'on se battra, il peut y avoir un grand nombre et même un très grand nombre de blessés.

Les ports de guerre et de commerce doivent être les premiers approvisionnés (et nous connaissons sous ce rapport des lacunes que nous regrettons). Nous ne pouvons que supplier les sociétés locales d'y remédier.

Or, ces villes communiquent toutes avec celles de l'intérieur. S'il se produit ou sur la côte ou dans le voisinage d'une côte, une affaire sérieuse, on peut rapidement faire affluer les pièces de pansements; et, en ne perdant pas la tête, elles peuvent être à la disposition des médecins et des blessés avant le débarquement des hommes qui en auront besoin, ou aussitôt que ce débarquement s'opérerait.

On peut juger de quelle importance serait pour la parfaite exécution de ce plan, la division des secours en territoires ; ainsi des concentrations s'effectueraient sur les points les plus menacés des côtes, ce serait, en même temps, une grande économie. Les points les mieux approvisionnés seraient aussi les mieux servis. Les chemins de fer n'allant pas partout, on aurait *recours avec avantage à des bicyclistes et même à des automobiles.* Les premiers abondent en tout lieu; des automobiles, il y en aura bientôt partout.. Les uns et les autres pourraient être désignés d'avance et classés par catégories. Les secours arriveraient avec la rapidité de la flèche. Deux cyclistes ou une automobile pourraient suffire par poste, les pièces de pansements étant généralement légères et de transport facile.

Des bâtiments seraient prévus, réquisitionnés d'avance et désignés dans toutes les localités exposées. *Il faudrait dresser une carte géographique des secours*, que des personnes désignées auraient en mains. L'organisation de ces stations hospitalières, entraînerait la nomination d'un personnel que les sociétés auraient à prévoir et qu'elles recruteraient facilement dans les localités. Des femmes pourraient être employées à ces fonctions.

(*Hôpitaux à terre*). — Toutes les grandes villes ont des hôpitaux ; et comme elles ont toutes subi l'influence des progrès modernes, on peut affirmer que partout où il y a un centre important, il y a un hôpital moderne. Les plus modestes villes sont bien servies à cet endroit et l'on est frappé de la tenue, de la correction des salles de malades où jadis régnaient une propreté et une technicité plus que douteuses.

Les hôpitaux de la marine, dans tous les pays, offrent généralement ce confort et cet air engageant que l'on aime à rencontrer dans des milieux de misère. Il serait bien difficile, aux sociétés civiles de faire mieux, de faire aussi bien et de réaliser, dans les ocaux toujours restreints, le confort que réclame la chirurgie moderne.

Les blessés graves devront donc, en général, et sauf exception être déposés dans les grands hôpitaux qui, en locaux, en salles opératoires et en instruments possèdent tout ce qu'il faut pour répondre aux exigences de la situation. Ainsi, on ne pourrait multiplier à l'infini les dépôts d'instruments pour opérations spéciales ; les grands centres de malades pourront seuls en être fournis.

Nous croyons que ce serait une erreur que l'on regretterait de le comprendre autrement.

Les hôpitaux temporaires, qu'ils appartiennent à la marine ou au civil, sont plutôt destinés à recevoir les blessés les moins graves et surtout ceux qui ne réclament pas de soins spéciaux.

Jadis il en était autrement : il y a trente ans, le conseil le plus pressant que l'on pût donner à un malade était de ne pas entrer dans un hôpital, de se faire traiter partout, fût-ce dans une grange, plutôt que de franchir le seuil d'un de ces grands établissements hospitaliers où la pourriture et l'infection régnaient à l'état permanent. Aujourd'hui c'est l'inverse : Nulle part on ne peut être mieux que dans un hôpital bien fourni de tout ce que réclame l'art de guérir ; la sécurité est surtout là. C'est le résultat de la généralisation de l'antisepsie et de l'asepsie.

Nous avons du reste la certitude qu'il ne faut pas trop spécialiser les hôpitaux. Ce serait folie. La seule division qui s'impose est celle des fiévreux, blessés graves, convalescents, maladies contagieuses... Toute autre division en temps de guerre ne serait qu'une complication pour le service.

C) *Evacuations.* — L'organisation des évacuations constitue le troisième terme des secours aux blessés maritimes le long des côtes, et non le moins important pour deux raisons : d'abord parce que si la seconde phase des secours venait à manquer, l'évacuation immédiate sur l'intérieur serait de rigueur ; d'autre part, si les secours n'étaient organisés et les premiers soins donnés, ne serait-il pas nécessaire de dégager les hôpitaux ou les ambulances les plus proches en évacuant sur l'intérieur le plus de malades possible ?

Les évacuations sont du ressort de la Guerre, non de la Marine, ni des sociétés. C'est par une entente préalable avec la première que l'on pourrait assurer des évacuations rapides. Mais les sociétés civiles doivent *en faciliter l'exécution, et, au besoin, y collaborer.*

Tous les moyens locaux devraient être mis à réquisition.

Pour les voies de terre : les chemins de fer, les trams électriques, les voitures....

Pour les voies de mer : les bâtiments de transport, les chalands, autant que possible des chalands spéciaux, tels qu'ils ont été décrits au Congrès de la Rochelle et dont il a été rendu compte ; nous ne pensons pas devoir les décrire ici.

Ces évacuations peuvent être nécessitées par des événements et dans des conditions fort différentes :

a) Evacuation des blessés d'une ville maritime frontière (Cherbourg, Brest, Toulon) à la suite d'un combat dans le voisinage des côtes, et dans la crainte d'un siège par terre et par mer qui interromprait la communication avec l'intérieur...

b) Evacuation des malades et blessés à la suite de leur débarquement d'une escadre, après un combat.

Nous rappelons comme guide, les principaux points du règlement des évacuations militaires (art. 40).

Les malades et blessés sont évacués soit vers l'intérieur soit sur les formations sanitaires de l'arrière.

Pour chaque évacuation il est établi une feuille d'évacuation (mod. 70) qui indique :

1. L'ordre en vertu duquel les malades sont évacués ;
2. Le point ou l'établissement sur lequel ils sont dirigés ;
3. Le personnel sanitaire attaché à l'évacuation ;
4. Les mutations ou événements survenus pendant la route.

La feuille d'évacuation visée par le commandant d'armes ou d'étapes tient lieu d'ordre de route ou de feuille de route.

Elle est remise avec les livrets individuels des hommes, renfermant les billets d'hôpital, à l'officier d'administration, ou à défaut au sous-officier attaché à l'évacuation chargé de faire l'appel au départ et à l'arrivée.

En cas d'évacuation individuelle, le malade porteur de sa feuille d'évacuation et de son livret individuel renfermant son billet d'hôpital est remis au commandant d'armes ou d'étapes qui le dirige sur sa destination.

A l'arrivée à destination, l'officier d'administration gestionnaire donne récépissé des malades sur la feuille d'évacuation, laquelle, après avoir reçu les observations du médecin-chef, est rapportée ou renvoyée directement au médecin-chef du point de départ pour être jointe au carnet administratif.

Il est établi des feuilles d'évacuation distinctes pour les éclopés ainsi que pour les malades à diriger sur les dépôts de convalescents.

Quand il advient que le nombre des évacués devient très considérable et que les besoins sont au-dessus des fixations réglementaires, le personnel est renforcé : on prend sur la réserve du personnel sanitaire des étapes ; le matériel est complété par les ressources locales par les soins du Chef du Service de Santé des étapes.

Nous nous retiendrons de parler des hôpitaux d'évacuation. De semblables hôpitaux sont généralement établis à la tête de chaque ligne d'évacuation : voies de terre; voies ferrées; voies d'eau (1).

Ces trois voies seront toujours employées en temps de guerre, et les moyens de transport devront toujours être prévus de manière à faciliter les départs, les rendre rapides.

Classement des malades et blessés à évacuer

Les malades et blessés destinés à être évacués par les voies ferrées sont classés dans l'une des catégories suivantes :

Malades et blessés ne pouvant être transportés que dans les trains sanitaires permanents ;

Malades et blessés pouvant être transportés dans des trains sanitaires improvisés ;

Malades et blessés pouvant être transportés dans les trains ordinaires ; des voitures de voyageurs leur seront réservées.

Les deux premières catégories sont dirigées sur les hôpitaux de l'intérieur.

Nous croyons devoir borner à ces renseignements ce que nous avions à dire des évacuations.

1. Tels sont les secours auxquels doivent participer, avant tout, les Sociétés de secours. On voit encore que *leur rôle serait étendu : secours en mer le long des côtes ; secours à terre sur les côtes ; secours d'évacuation.*

(1) La Société de l'Union des F. de F. a organisé, par son Comité de La Rochelle, un petit modèle de bâtiment de secours, le *Jean-Guiton*; ce modèle a été vu à l'Exposition de 1900 à Paris. Est-il organisé de manière à porter secours aux escadres passant à proximité des côtes? Nous n'oserions nous prononcer. Nous croyons cependant la chose possible par beau temps ; plus difficile, peut-être dangereuse, par gros temps, ou par un temps de grosse houle.

En revanche, il serait excellent pour procéder aux évacuations sur les villes de l'intérieur par voie d'eau. Il faudrait en multiplier le nombre. Ils seraient d'une utilité immédiate dans le voisinage des grands ports de commerce, à l'embouchure des fleuves.

Le poste de secours du *Jean-Goujon* possède : linge, pansements, instruments de chirurgie... On voyait à son bord plusieurs couchettes de modèles différents avec modes de suspension contre le tangage et le roulis, à notre avis compliqués, trop dispendieux.

Les systèmes les plus simples, les plus économiques doivent être préférés.

Le meilleur des lits est celui des bâtiments de secours d'Islande... coût : 26 francs.

2. Quand nous parlerons des guerres lointaines, nous leur réserverons encore un beau rôle ; celui des secours de seconde ligne, des secours d'évacuation et de rapatriement.

3. Enfin, par toutes les participations qu'elles prennent aux expéditions coloniales et lointaines, et il n'est pas une guerre depuis vingt-cinq ans, à laquelle elles n'aient apporté l'appoint précieux de leurs approvisionnements, en médicaments, en aliments, en douceurs, en tabac, en jeux, etc.... elles ont acquis des droits à une inaltérable reconnaissance...

Le Bâtiment de secours.

L'étude d'un bâtiment de secours type comprend :

1) Le bâtiment. — Sa construction. — Ses approvisionnements.
2) Son personnel médical et secondaire.
3) Son administration.

I. — Construction.

C'est avec toutes les données qui nous sont fournies par les marines, jusqu'à ce jour, que nous construirons un bâtiment de secours type.

Que ce bâtiment de secours soit officiel, qu'il soit armé par les Sociétés de la Croix-Rouge, peu importe ; les conditions techniques doivent être les mêmes dans les deux cas. — Nous ne ferons de concessions que sur les dimensions du navire et sur sa vitesse. Sur sa vitesse, parce qu'un bâtiment qui doit suivre une escadre, et voler au moment décisif, au secours des naufragés, doit avoir une vitesse maximum, — 16 à 18 nœuds, — sous peine de n'arriver jamais que lorsque sa présence sera inutile ; ses dimensions, parce que le bâtiment officiel doit pouvoir transporter plus de blessés que le second, et qu'il doit, en plus, donner asile à des naufragés.

Enfin, parce que, avec des dimensions et une vitesse moindres, la charge en sera moins onéreuse aux Sociétés de secours.

Sous ces réserves, nous donnons les renseignements suivants pour la construction du bâtiment officiel.

Coque en acier avec revêtement en bois ou lambrissage à 0 m. 60 du bordé, longueur de 120 à 130 mètres au moins, capacité de 7,000 à 7,500 tonnes — Puissance motrice de 4,500 à 5,000 chevaux.

Pont inférieur................ Cale.
Pont moyen.................. Batterie basse.
Pont principal................ Batterie haute.
Pont supérieur............... Spardeck.

Rideaux de carène (pour les régions à température élevée), à 4 mètres environ du bordé.

Peinture blanche avec bande de couleur.

De larges issues (portes ou sabords de charge), seront ménagés sur les flancs du bâtiment, en nombre, de manière à faciliter embarquement et débarquement des malades.

Dans la cale, le charbon, le compartiment des auxiliaires. — La glacière aussi éloignée que possible des centres calorifiques.

Pour assurer l'éclairage complet à l'électricité, trois dynamos de 200 ampères, pouvant se substituer l'un à l'autre afin d'obtenir une action continue.

Bouilleurs et réfrigérants puissants pour obtenir constamment 10 litres d'eau par homme et par jour, — soit 10 tonnes pour 1,000 hommes.

Le chauffage du bâtiment à la vapeur.

Pour la production de la glace on pourrait avoir recours aux machines à ammoniaque liquide, fabriquant de grandes briques. — On aurait deux petites machines se servant de rechange. Le moteur, le condenseur et le compresseur seraient placés dans le compartiment des auxiliaires; les réfrigérants, en abord de la glacière et dans la même tranche.

Deux thirions seraient constamment en action, l'un pour l'eau douce, l'autre pour l'eau de mer. De puissants bouilleurs, se substituant l'un à l'autre, fourniraient de l'eau d'une manière continue.

La ventilation sera l'objet de soins particuliers :

Dans la batterie haute comme dans la batterie basse, elle sera faite par des ventilateurs électriques aspirant l'air chaud, des manches à vent recueillant l'air frais Les panneaux doivent servir de puits d'air comme le conseille M. Burot. Il faut pour cela les ceindre d'une cloison s'arrêtant à 0 m. 50 de la batterie basse. Des manches à vent seront, d'autre part, placées en abord à 0 m. 50 de nauteur. Puis, au centre de chaque distribution d'air frais, sera placé le ventilateur électrique de 2 à 3,000 mètres à l'heure, aspirant sous barrot et se vidant dans une manche allant directement au pont supérieur; c'est là que se fera la sortie de l'air vicié. — En réglant le ventilateur et la sortie de l'air des manches en abord, on aura les moyens de ventiler tel point que l'on voudra (1).

Nous avons dit que les salles principales de malades occuperont la batterie haute et la partie postérieure du pont supérieur. Les parois des salles de malades seront sans saillies, à angles arrondis, le tout enduit de peinture laquée, supportant sans dommages les lavages fréquents.

Les batteries basse et haute seraient consacrées aux malades; mais si le bâtiment de secours est à la fois hospitalier et sauveteur, il y aura séparation absolue entre les deux batteries, la batterie haute étant réservée aux malades, la batterie basse plus spécialement destinée à recevoir les naufragés qu'il ne faudra jamais mélanger aux premiers.

Ces ponts auront chacun des water-closets isolés ainsi que des cabinets de toilette vastes avec lavabos modernes très confortables.

Autant que possible, on conserverait aux water-closets les dispositions qu'ils ont sur le *Ving-Long*, c'est-à-dire qu'ils seraient établis en dehors, contre les flancs du bâtiment, avec portes fermant hermétiquement, et dans le voisinage de l'hôpital.

Les bouteilles auront des parquets non en grès cérame (2), système fragile, sujet à des cassures, à des filtrations, donnant de l'odeur dont on ne peu se débarrasser, mais à fond métallique sur lequel un caillebotis en fer à larges mailles : un courant d'eau passant constamment entre les deux, et s'écoulant, grâce à une légère inclinaison de 0 m. 03, ménagée dans la construction, par un orifice ouvrant à l'extérieur sur la paroi du bâtiment.

La distribution de l'eau est de première importance et doit être étudiée.

On placera dans la batterie haute la salle de visite, la salle mortuaire, la pharmacie, la lingerie. Des salles de bains seront établies à côté des salles de malades.

(1) Rapport du Dr Burot, Exposition 1900.
(2) Nous reconnaissons que les opinions sont partagées sur ce point.

Les logements des médecins et des infirmiers de service seront placés dans le voisinage des salles.

La salle des contagieux sera isolée.

La salle opératoire sera construite sous le rouf dans les conditions de rigoureuse technicité : Parois lisses, sans angles, revêtues d'un émail blanc ; les parquets caoutchoutés ou à mosaïque, polis (point de grés cérame); lavabos à eau chaude et à eau froide; eau bouillie, appareils de stérilisation ; étuve pour le linge.

Flacons suspendus pour solutions variées : flacon laveur.

Tables à opérations et à pansements en métal laqué. — Il n'est pas nécessaire d'aller aux prix élevés, mais ces appareils doivent joindre à la commodité, la facilité de l'asepsie.

Un petit arsenal de chirurgie bien monté.

Des moyens de transport techniques des blessés.

Eclairage électrique pour tout le navire.

Rayons Rœntgen pour la recherche des corps étrangers. — Microscopes. — Ascenseurs électriques permettant la communication avec les différents ponts, et chariots pour la transmission sur les surfaces horizontales.

Téléphone faisant communiquer entre elles toutes les parties du bâtiment. — Bains et appareils pour hydrothérapie.

Malgré ce résumé détaillé qui, tout en indiquant ce qu'il faut, réserve la question d'origine, on est en droit de nous demander : faut-il construire comme les Japonais ; faut-il adapter comme l'ont fait les Américains, les Allemands, les Anglais ? Ou bien faut-il transformer un bâtiment-hôpital que l'on possède et, d'un ancien, en faire un neuf ?

Si nous croyons M. Bellet (1), les bâtiments adaptés comme le *Wittikind* ou le *Géra* sont parfaits ; mais, anciens paquebots, ils ont des cabines trop nombreuses, des cloisons à l'infini, des coursives extrêmement étroites : les panneaux ne sont pas faits pour laisser passer des blessés ; enfin la batterie n'a pas assez de sabords. Ce sont des critiques que l'on pourra éviter dans l'avenir en prévoyant certaines destinations. Il est incontestable que le mode employé par les Japonais, nous l'avons déjà dit dans ce travail, est celui qui donnera les résultats les plus techniques, les mieux appropriés. Copen-

(1) Dr Bellet, médecin de 2e classe de la marine.

dant, et malgré ces observations, nous croyons que le mode le plus simple pour une Société, sera encore d'adopter un paquebot. Mais nous croyons aussi qu'un pays comme la France qui a des grands bâtiments-hôpitaux, la *Nive*, le *Shamrock*..., pourra mieux faire en leur faisant subir les modifications que conseille M. le docteur Burot (2), en allongeant, en les transformant, comme on a transformé l'un d'eux pour en faire un navire-école, le *Duguay-Trouin*, et que l'on pourra obtenir ainsi un bâtiment d'une impeccable technicité.

II. — Personnel médical

Dans le système d'organisation que nous préconisons, le délégué est un médecin de la marine, mais avec des pouvoirs plus étendus. Il devient le « commanding officer », comme disait le médecin-major du *Solace*. Il ne remplit donc en réalité les fonctions de médecin qu'à titre de consultant et d'hygiéniste.

C'est, avant tout, un administrateur doublé d'un technicien.

Si nous consultons les documents qui sont en notre possession, nous voyons que le nombre des médecins embarqués sur les bâtiments militaires ou civils a varié avec la provenance du bâtiment de secours. Cependant on constate en moyenne que pour 300 malades il faut 3 médecins.

A bord du bâtiment anglais : 3 médecins, 6 assistants indiens, 1 pharmacien (350 lits).

A bord du bâtiment japonais : 3 médecins, 1 pharmacien (208 lits).

Russe : 3 médecins (165 lits).

Allemand : 3 médecins.

Le médecin-chef, quelle que soit la formation maritime, doit appartenir à la marine militaire, du grade de lieutenant-colonel.

Il serait plus simple et surtout plus économique pour une société d'avoir recours, pour constituer son personnel médical, à une même origine, au personnel entretenu par la marine. Mais serait-ce possible ? Nous croyons qu'il n'y faut pas songer. En dehors du médecin-chef, pendant une guerre européenne surtout, les Sociétés

(2) Burot, *loc. cit.*

auraient à se pourvoir de leur personnel médical dans les facultés civiles : trois unités environ par bâtiment de secours.

III. — Approvisionnements

Si l'on voulait traiter à fond la question des approvisionnements des Sociétés de secours au point de vue des secours aux blessés des guerres maritimes, il faudrait écrire un long article.

Ce serait, à notre avis, sortir de l'esprit de ce mémoire, que de le comprendre ainsi. Ce qu'il convient de fournir ce sont des indications générales, non d'infimes détails.

Pour ne pas s'égarer nous estimons qu'il sera bon de prendre pour guide la feuille du médecin des anciens bâtiments-transports qui s'appellent le *Shamrock*, la *Nive*, mais sans s'en faire l'esclave. Il conviendra d'en rayer les substances dont le temps a vieilli l'usage, d'en ajouter d'autres plus récentes qui pourraient ne pas s'y trouver, d'être économes des médicaments peu employés ; d'être au contraire extrêmement large s'il s'agit des médicaments d'un usage courant et surtout des pansements ; d'être impitoyable pour les spécialités qui sont chères et qui peuvent toujours être remplacées par des médicaments similaires.

Les produits doivent être les mêmes que ceux des Corps militaires, afin d'en permettre l'interchangeabilité. Il ne faut s'approvisionner que d'objets que le temps n'altère point, et prévoir les autres par des marchés conditionnels.

IV. — Personnel secondaire

Personnel secondaire technique. — Infirmiers. — C'est bien que de posséder un matériel technique irréprochable, que d'avoir des locaux adaptés, admirablement disposés pour recevoir ce matériel. C'est peu, si l'on n'a en même temps un personnel subalterne instruit et entraîné, à la hauteur du matériel dont on dispose et apte à en tirer tout le parti qui convient.

Or, le recrutement du personnel des infirmiers sera toujours la pierre d'achoppement d'une bonne formation sanitaire ; il pourra la compromettre par son insuffisance, s'il s'agit d'une formation maritime.

L'offre d'émoluments rémunérateurs est l'une des premières conditions d'un recrutement honorable. Mais ce serait commettre une erreur grave, que de croire que l'argent peut résoudre toutes les difficultés.

Il est bien entendu qu'en parlant ainsi, nous n'avons pas en vue l'abnégation, mais l'instruction des hommes.

Un bon infirmier maritime, offrant toutes les garanties de savoir, de conduite et de technicité n'est pas rare de nos jours; nous dirons même que c'est aujourd'hui la loi commune.

A leur enrôlement, ces hommes sont l'objet d'un choix basé sur un examen élémentaire; leurs premières années de service sont des années d'apprentissage théorique et pratique; et ce n'est qu'à la suite d'un examen de capacité qu'ils en obtiennent le brevet.

Mais l'infirmier maritime est en général un homme de carrière; il y a donc comme conséquence, fort peu d'infirmiers de réserve, ils seraient tous attachés aux formations sanitaires à terre : hôpitaux, hôpitaux temporaires... Les autres seraient au service actif de la flotte, ou à la retraite.

Le compte en est donc facile à faire.

Si nous sommes entré dans ces détails, en ce qui concerne notre flotte et nos hôpitaux, c'est pour bien faire comprendre la situation; c'est aussi pour faire comprendre que ce qui a pu se produire pendant la dernière expédition de Chine ne pourrait probablement pas se réaliser dans une guerre maritime importante qui lancerait l'une contre l'autre, ou bien les unes contre les autres, les escadres des nations européennes.

Il ne nous convient pas d'en dire davantage; mais de ceci nous sommes sûrs, surtout si au lieu d'un bâtiment hospitalier, il y en avait plusieurs, ce qu'il faut prévoir.

Si nous nous permettons d'insister, c'est que les Sociétés de secours ne peuvent être exposées à la triste éventualité de manquer de bras et à renoncer par ce fait à apporter une collaboration active à des services aussi importants.

Il faut donc s'ingénier à former un personnel d'infirmiers.

Or, songer à recruter un personnel technique, actif, parmi ceux qui sont entièrement libérés du service militaire, nous paraît bien impossible pour plusieurs raisons.

Ces serviteurs ont acquis leur retraite, ayant au moins 44 à 50 ans et même davantage. — Les bénéfices qu'ils trouvent à terre (car ceux qui ont une bonne conduite, sont très recherchés comme garde-malades), les éloigneraient de nouveaux départs, et nous doutons qu'à moins de leur faire un pont d'or, on puisse les décider à reprendre la mer. — Il en est d'autres, enfin, qui sont trop âgés.

Parmi les infirmiers civils, il y en a certainement d'excellents : mais combien y en a-t-il d'insuffisants ! On en a trouvé trois pour le « *Notre-Dame du Salut* » et l'on était obligé de les payer fort cher

Il faut donc songer à une autre source de recrutement des infirmiers maritimes de la Croix-Rouge, et, si on la trouve, il faut aussi songer à leur instruction.

Or, comme toute chose grave et difficile, elle ne se crée en un jour ; ce n'est qu'en s'y prenant longtemps à l'avance que l'on pourra combler cette importante lacune. C'est toujours le même principe : *Ars longa.*

Pour nous éclairer, les documents, ou manquent, ou sont incomplets.

Le Département de la Guerre d'Autriche-Hongrie prévoyait en son recrutement la possibilité de prêter, pour le temps de guerre, douze unités pour le premier de ses bâtiments de secours ; — il est donc évident qu'il en faudrait autant pour chaque unité de secours.

C'est probablement de là qu'est venue l'idée d'imiter chez nous ce que l'Autriche a fait chez elle.

Nous avons laissé entendre ce que nous pensons des copies serviles. Quelle ressemblance y a-t-il entre la Marine autrichienne et la nôtre ? — On ne peut comparer vraiment que des choses similaires.

Les Japonais sont passés maîtres en ces formations. Quelle savante organisation que celle de leurs écoles d'infirmiers et d'infirmières ! Elle repose sur les deux facteurs les plus sérieux : instruction théorique et pratique solide, et sauvegarde des intérêts matériels de chacune des unités enrôlées. La Société ne les perd plus de vue : après un stage suffisant (pendant la durée duquel ils sont appointés) ils subissent un examen professionnel.

Au Japon, c'est un honneur d'entrer dans les Sociétés de la Croix-Rouge ; ils s'y recrutent fort bien, parmi les gens qui ont déjà une certaine instruction. Ceux qui, ultérieurement, après l'examen probatoire, sont reconnus aptes à faire de bons infirmiers, sont congédiés, mais continuent à toucher tous les ans une prime assez élevée, moyennant laquelle ils restent liés à la Croix-Rouge qui pourra ensuite les rappeler quand elle aura besoin d'eux

Que ce procédé nous paraît être supérieur à celui que dicte une charité discutable qui consisterait à donner une obole, souvent mal employée, à tous ceux qui tendent la main ! En quelque pays que ce soit, les Sociétés sont dépositaires d'une partie des intérêts les plus sacrés de la patrie ; elles ne doivent verser l'argent avec libéralité de la main droite que si la main gauche en tient un compte rigoureux, Or, dans toute institution, après une direction intelligente et ferme, ceux qui font marcher la maison, ce sont les gradés inférieurs, ce sont les petits.

Revenons au recrutement: Les hospices civils paraissent en être une source. Le seraient-il réellement, en temps de guerre, au moment psychologique? Nous en doutons

Or, comme une importante création ne se fait qu'autant qu'on y pense d'avance, il faut s'y attacher dès le temps de paix.

On sait que tous les hommes du recrutement et de l'inscription maritime sont enrôlés en principe par le service actif.

Mais il est, parmi les premiers, un groupe que l'on appelle les « dispensés » qui, pour divers motifs, (fils aîné de veuve, présence d'un frère sous les drapeaux...), ne font qu'une année de service (1).

Il en est d'autres, parmi les seconds, qui sont versés dans les services auxiliaires. — utilisables pour les services à terre. — Ce sont ceux qui sont en possession d'une tare physique parfois légère, suffisante cependant pour les priver de servir dans les rangs, insuffisante pour entraîner la réforme.

Cette dernière catégorie de serviteurs est très nombreuse : les dépôts, au moment du rappel des classes, en seront encombrés. Si, dans ce groupe d'éclopés, il en est de peu utilisables pour le but que nous poursuivons, il en est d'autres, nous le répétons, qui sont parfaitement valides (vue insuffisante pour le tir, varices trop déve-

(1) Cette catégorie existe-t-elle encore dans la nouvelle loi ?

loppées, légère ankylose d'un coude...). C'est parmi ceux-là que l'on prendra des hommes de peine, que l'on choisira aussi un groupe qui sera dirigé sur les hôpitaux pour y servir d'infirmiers auxiliaires.

Ne pourrait-on prévoir d'avance l'utilisation de ce lot de serviteurs? ne pourrait-on escompter leurs services, en les désignant d'avance pour ce poste, dès le premier jour où ils passent devant le conseil de réforme? Ce choix pourrait s'opérer séance tenante, par les deux médecins qui assistent le Conseil.

Ce groupe pourrait être mis en subsistance dans les hôpitaux de la marine des ports, comme le sont les militaires de l'armée coloniale, que l'on rend aux régiments quand ils sont suffisamment instruits.

Ils s'habitueraient dans les salles au service des malades : ils suivraient les cours techniques pendant trois ou cinq mois; après quoi ils retourneraient chez eux. Ils seraient rappelés au besoin pendant deux ou trois ans avec les réservistes, jusqu'à ce que leur instruction fût suffisante.

Cette pratique présenterait un double avantage :

D'abord les hôpitaux de la marine, au lieu de recevoir au moment de la mobilisation un groupe d'hommes totalement étranger au service des hôpitaux, et totalement illettré, retrouveraient au moment de la guerre, un personnel qui ne lui serait pas étranger et parmi lequel on peut être sûr qu'il y en aurait de bons; et les sociétés, par une convention passée avec le département, pourraient y puiser les unités subalternes de leur service d'infirmerie. Il suffirait ensuite de prévoir un ou deux gradés par navire, ce qui réduirait beaucoup les difficultés au moment de la mobilisation et les dépenses.

Nous pensons qu'il n'y aurait pas de difficulté réelle à trouver un infirmier gradé par bâtiment de secours; la marine pourrait peut-être y pourvoir.

Nous avons parlé d'une autre source de recrutement; les dispensés, c'est-à-dire ceux n'ayant qu'une année de service à accomplir en raison de leur situation spéciale de famille.

Les dispensés font une année de service. Ce laps de temps est bien court pour en faire de bons marins, surtout des marins de spécialité; mais il serait possible en temps de paix d'en former un certain nombre au service des hôpitaux.

Ces hommes pourraient être embarqués pendant quelques mois sur l'escadre de réserve qui les acclimaterait au milieu maritime, et puis un certain nombre à déterminer chaque année, cinquante, par exemple, peut-être davantage, seraient répartis dans les cinq ports, suivraient pendant cinq mois les cours qui sont faits dans les hôpitaux, feraient du service dans les salles..... On constituerait ainsi, au bout de quelques années, une pépinière sérieuse d'infirmiers de réserve où l'on pourrait puiser pour les services à terre en temps de guerre et aussi pour les bâtiments-hôpitaux de la Croix-Rouge.

Il resterait à savoir si, à l'instar de la Croix-Rouge japonaise, les sociétés de la Croix-Rouge pourraient organiser des cours d'infirmiers et d'infirmières professionnelles. (1).

Ce serait aux sociétés elles-mêmes à le dire. Il faut toujours qu'elles aient à prévoir les résultats funestes de l'insuffisance numérique des unités techniques en présence du nombre incalculable des malades et blessés qu'elles peuvent avoir à soigner.

Il faut dans des conditions aussi graves se préserver de l'excès de sentiment. « Une infirmière vaut vingt infirmiers », a-t-on écrit. C'est avec de semblables phrases que l'on égare l'opinion. Si ces choses sont vraies dans le civil, elles ne le sont plus dans les choses militaires. Le service maritime dans ce qu'il y a d'âpre, de pénible, de difficile même, réclame des hommes et des hommes seulement ; les sociétés ne sauraient y trop penser.

Le jour où par une entente préalable avec l'Etat, l'une des sources que nous venons de signaler et peut-être les deux seraient sérieusement exploitées, les sociétés en promettant des rétributions, s'attacheraient ce personnel et obtiendraient que ces hommes, réformés ou dispensés, ne perdent pas de vue le but technique qu'ils seront appelés à remplir. Nous sommes convaincu qu'en peu d'années les sociétés auraient un stock d'infirmiers parmi lesquels elles n'auraient qu'à choisir.

Après avoir parlé des infirmiers, nous parlerons des infirmières et nous leur rendrons la justice qui leur est due. Nous comprenons beaucoup mieux leur rôle, comme directrices de salles, de lingerie, que comme infirmiers panseurs. Les pansements dès qu'ils sont

(1) Les cours d'infirmières existent.

sérieux ne sont plus opérés comme autrefois par des infirmiers, mais par les chefs de service, par les opérateurs eux-mêmes. Ils n'abandonnent à l'étudiant, à l'infirmier, que le pansement subalterne.

Le rôle de la femme reparaît au contraire comme surveillante ; elle agit par ses petits soins, par ces soins maternels dont elle possède l'art à un si haut point, par cette douceur ineffable qui est dans son éducation et dans son caractère.

Ce rôle s'apprend vite, sans longues phrases ; c'est l'application à l'hôpital des devoirs de la vie domestique qui lui sont familiers ; obéir d'une manière passive aux ordres du médecin-chef, d'une part ; de l'autre, mettre au service de celui qui souffre cette inaltérable douceur, cette discrétion, cette sensibilité émue, si appréciées des pauvres malades. Telles sont les vertus qui lui sont familières et tels sont aussi ses devoirs. Mais pour les accomplir il n'est pas besoin de longues leçons ; ce qui est purement technique, c'est surtout dans un hôpital, et au lit du malade qu'on l'apprend.

V. — Administration.

Le bâtiment-hospitalier, pour répondre aux conclusions de la Conférence de la Paix, doit être affranchi de toute attache militaire.

Tel est le principe qui doit présider à son régime administratif.

Inauguré en 1895 par Van Leent, accepté et imité par l'Allemagne, l'Angleterre, les Etats-Unis d'Amérique, le Japon.... en Chine, ce principe se répandra et deviendra général.

Le bâtiment-hospitalier est un hôpital flottant et ne doit être que cela. C'est un temple dont l'hygiène doit être la maitresse. Or, le silence, le calme, l'absence de tout appareil de combat est l'une des premières conditions de l'hygiène.

Admettrait-on, dans un hôpital à terre, un passage de projectiles et un exercice au fusil au-dessus d'une salle de fiévreux, un peloton piétinant sur la tête de blessés?

On conçoit d'autre part l'impossibilité de condamner à l'immobilité, à l'inactivité pendant des mois entiers des combattants qui n'ont pas le droit d'oublier leur métier ; on ne peut contraindre les officiers qui en ont la charge, à garder une immobilité mortelle, à ne pas s'occuper pratiquement de leurs subordonnés pendant toute une campagne.

Tout cela est question de bon sens, et devrait être résolu comme tel, en attribuant à chacun le rôle qui lui convient ; il faut ne pas oublier que c'est la Hollande qui a donné l'exemple.

Chez les nations que nous venons de citer, ce sont des médecins de la marine, du grade de lieutenant-colonel, qui sont chefs de l'hôpital flottant. Tout le personnel du bâtiment de secours, y compris le capitaine commandant (un capitaine au long cours, chargé de la manœuvre du navire) est sous ses ordres. C'est lui qui indique au commandant la route à suivre.

Il est le chef administratif en même temps que le chef technique du bâtiment de secours. En un mot, il représente l'ancien délégué, avec des pouvoirs plus étendus.

A bord des bâtiments déjà cités, il ne fait pas de service médical proprement dit ; mais il dirige le service médical.

Il plane administrativement sur tous les services du bord.

« I am the Commanding officer » (1) répondait le médecin en chef du « *Solace* », à un médecin français qui, en montant à son bord, et s'adressant à lui, lui demandait de le faire conduire au commandant.

« Le commandant, c'est moi ».

C'est donc un régime nouveau, un régime autonome qui était depuis longtemps désiré. C'est aussi un régime ancien qui disparaît.

Nous engageons vivement les sociétés de la Croix-Rouge de tous les pays à suivre le même exemple.

Déjà, celles des Etats que nous venons de citer l'ont adopté. Elles ont pour médecin-chef un médecin de la marine du même grade que les bâtiments-hôpitaux officiels, délégué. C'est une formule simple, logique, rationnelle ; elle sera généralisée.

Utilisation des yachts en temps de guerre.

Une des conséquences de la guerre hispano-américaine a été l'essai de l'utilisation des yachts de plaisance comme instrument de combat.

(1) Rapports de campagne de la « *Nive* » du « *Vinh-Long* ».

Peu après la guerre, le ministre de la marine de l'époque, M. Lockroy, appela sur cette question nouvelle l'attention de M. le vice-amiral Duperré, qui lui répondit qu'un certain nombre de yachts à vapeur pourraient certainement être employés à servir d'auxiliaires à la Croix-Rouge, mais qu'ils ne pourraient l'être cependant sans une consultation préalable des propriétaires ; il faudrait répondre à ces trois questions :

Les yachts pourraient-ils être utilisés comme auxiliaires de la Croix-Rouge ?

A quelles conditions ce concours pourrait-il être accordé ?

Quelle serait la mesure des sacrifices à faire et des compensations à accorder ?

Mais à cette époque (1899), ces questions se doublaient de plusieurs autres dont la solution était éloignée et difficile.

La neutralisation ne paraissait pas sur le point de se faire ; la diplomatie semblait peu disposée à provoquer la réunion d'un Congrès. L'Angleterre mettait une opposition formelle à toutes démarches tendant à laisser approcher, par des bâtiments de secours, les navires de guerre : « elle prétendait se réserver le soin de ses « blessés ; elle ne voulait pas en indiquer le nombre. Puis qu'en « ferait-on ? Seraient-ils prisonniers de guerre, ne le seraient-ils « pas ?

Autant de difficultés qui ont trouvé une solution à la Haye. Depuis cette époque l'Angleterre paraît s'être laissé convaincre.

Ce n'était point tout. Encore fallait-il obtenir l'adhésion des propriétaires de yachts. Il faut reconnaître que la plupart des propriétaires ont répondu affirmativement. D'autres le feraient aussi probablement. Et puis il n'en faudrait pas un trop grand nombre ; si non qu'en ferait-on ? Au delà d'un certain chiffre ils seraient plus encombrants qu'utiles.

On s'est préoccupé des équipages.

Ils ne sont à la mer que pendant une partie de l'année; ils ne remplissent donc pas complètement le rôle réclamé des inscrits pour acquérir des droits à la pension de retraite.

Peut-être le Ministère pourrait-il accorder des gratifications ?

Tout cela est-il insurmontable ? Nous ne le pensons pas. Obstacles d'un côté et objections de l'autre ne sont pas de nature à empêcher une solution favorable. Aujourd'hui que la diplomatie leur a accordé droit de cité dans les guerres maritimes, il ne serait pas indigne d'un ministre de s'en occuper et de donner à la question une solution libérale.

Comme il convient avant tout, de ne pas se payer de mots, et que nous devons surtout rechercher la pratique, on nous permettra quelques réflexions personnelles.

a) Les yachts ne pourront jamais accompagner les escadres ; ni comme dimensions, ni comme vitesse, ils n'en seraient capables.

Par leur vitesse, ils ne pourraient suivre une escadre filant de 12 à 16 nœuds ;

Par leurs dimensions, ils ne pourraient recevoir que 10, 20 ou 30 blessés. Ce serait peu ; il est vrai que le confortable compenserait bien des défauts.

Quels services effectifs rendraient-ils donc dans les guerres de haute-mer ? Il ne faut donc pas songer à les utiliser de la sorte.

b) On a écrit cependant quelque part que ce seraient les seuls sur lesquels on pourrait sérieusement compter, les autres bâtiments de plus fort tonnage pouvant et devant être autrement employés.

Nous nous garderons bien de soulever des questions maritimes de première importance, touchant à la défense nationale ; mais est-il possible d'admettre que, sur le nombre de paquebots à marche rapide que possède la France, on ne puisse compter sur quelques unités capables de tenir le rôle d'ambulanciers et de sauveteurs comme ceux dont nous avons dit trop souvent les noms pour les répéter encore ?

Vraiment on nous permettra de n'y pas croire.

Donc, pour suivre les escadres nous n'acceptons pas plus les yachts que les paquebots de médiocre vitesse.

Est-ce à dire pour cela que nous en refusons l'office ? Pas le moindrement ; mais nous les destinons à ce à quoi ils sont bons.

Des yachts déclarés avant la guerre, et préparés pour le sauvetage, pourraient rendre de vrais services en sillonnant la Manche de Dunkerque à Brest et de Brest à Rochefort ; puis sur les bords de la côte méditerranéenne de Cette à Nice. Il en serait de même des autres pays qui ont des navires de plaisance.

Il est incontestable qu'une flottille de yachts formant réseau d'après un plan tracé avant la guerre, et assignant à chacun son rôle, serait d'un très précieux secours en formant réseau, et guettant le moment propice de son intervention. Elle obéirait à un pouvoir central qui en tiendrait les fils.

Nous ne voulons pas empiéter sur le rôle des marins, car c'est à eux qu'il appartient de régler cet échiquier, mais nous pensons en avoir assez dit pour indiquer notre pensée. Ces sauveteurs hospitaliers pourraient jouer, dans le voisinage près des côtes, un bien précieux rôle.

Nous nous sommes déjà servi d'une expression que nous répéterons avec plus d'à-propos encore : « *Ce seraient des glaneurs de la mer* ».

Il ne faudrait pas compter sur eux comme sauveteurs officiels, mais comme sauveteurs après la bataille ; ils glaneraient le champ du combat à un moment où les sauveteurs officiels recueilleraient les blessés des bâtiments de guerre : leur rôle serait donc différent. Il faut seulement renoncer à constituer une flottille (1) de secours suivant les escadres. Ce serait un embarras, non un secours.

Est-ce à dire qu'à un moment donné, ils ne pourraient eux-mêmes recueillir les blessés ?

Si, certainement. Leur rôle de guetteurs mobiles les y disposerait très bien ; et avec le confortable qu'ils ont, ils pourraient soulager bien des malheureux.

D'ailleurs, les yachts, à moins de très grande exception, ne sauraient avoir de médecins. Ils ne sauraient donc traiter les blessés graves. S'il arrivait qu'ils en recueillissent, ils devraient les déposer le plus rapidement possible dans un hôpital.

Nous noterons que pendant la guerre d'Amérique, les Etats-Unis ont aménagé un certain nombre de yachts, le *Mayflower*, *le Scorpion*, *le Glowcester*... Mais nous manquons de renseignements sur les services qu'ils en ont tiré.

(1) Moniteur de la flotte. Janvier 1899.

III. — *Neutres.*

Nous n'avons pas parlé des neutres.

Nous avions l'intention de faire à leur sujet un article détaillé. Mais rentrerait-il dans le cadre que nous avons à traiter, et ne serait-ce plutôt en sortir que d'en parler longuement? Nous le croyons.

Les droits et devoirs des neutres ont été traités d'une manière magistrale dans ces dernières années par des hommes, jurisconsultes et marins, et nous ne pourrions que répéter après eux ce qu'ils ont dit, en les copiant. Aussi bien, cette étude rentrerait-elle peu dans l'organisation des secours aux blessés et naufragés des guerres.

Les articles 3, 6, 9 et 10 de la Conférence de la Paix font allusion aux neutres, dans les termes suivants :

Le premier est ainsi conçu : « Les bâtiments-hospitaliers, équi-« pés en totalité ou en partie aux frais des Sociétés officiellement « reconnues des pays neutres, sont respectés et exemptés de capture. « Si la puissance neutre dont ils dépendent leur a donné une com-« mission officielle et en a certifié les noms aux puissances belligé-« rantes à l'ouverture ou au cours des hostilités ».

Le deuxième : « Les bâtiments de commerce, les yachts ou em-« barcations neutres, portant ou recueillant des blessés... ne « peuvent être capturés pour le fait de ce transport, mais ils restent « exposés à la capture pour les violations de neutralité qu'ils pour-« raient avoir commises ».

Le troisième : « Sont prisonniers de guerre les naufragés, blessés « ou malades d'un belligérant qui tombent au pouvoir de l'autre. Il « appartient à celui-ci de décider, suivant les circonstances, s'il « convient de les garder, de les diriger sur un port de sa nation, « sur un port neutre ou même sur un port de l'adversaire... »

Le quatrième : « Les naufragés, blessés ou malades débarqués « dans un port neutre, du consentement de l'autorité locale, devront, « à moins d'un arrangement contraire de l'Etat neutre, être surveil-« lés de manière qu'ils ne puissent pas de nouveau prendre part « aux opérations..... »

Ces articles ont évidemment une portée considérable. Ils visent spécialement un point très grave, la question des prisonniers de guerre.

L'article 3 donne aux Sociétés des puissances neutres, reconnues par leur Gouvernement, les mêmes droits et les mêmes privilèges qu'aux Sociétés des Etats en guerre.

Il prouve à quel point la bienveillance des Membres de la Conférence a été grande pour les victimes des guerres maritimes.

Il dit clairement tout ce qu'il veut dire.

Il n'y a qu'à s'en pénétrer et à l'appliquer. Ce que nous avons dit des secours en général s'applique donc aux secours à organiser par les puissances neutres.

L'article 6 englobe le groupe des bâtiments de Commerce, les yachts et les embarcations neutres dans la même prescription. Ils doivent tous se pénétrer de la loi et ne pas l'enfreindre. Ils prennent part au sauvetage, etc... mais il ne faut pas qu'un faux zèle ou un zèle exagéré, sous prétexte qu'ils ne sont pas belligérants, les égarent et les exposent à des représailles. Cela est vrai surtout de l'application de l'article 9. Le neutre, chargé de malades et de blessés, n'a plus sa liberté d'action. S'il est visité par un belligérant, il doit obtempérer aux ordres de ce belligérant, fussent-ils contraires à ses intérêts. Ainsi, s'il a l'ordre de déposer son stock de blessés et de malades dans un port autre que celui où il désire se rendre, ce port fût-il un port ennemi, il doit y obtempérer ; il doit se rappeler que ces blessés et malades sont prisonniers de guerre.

L'article 10 n'est qu'un complément de l'article 9. Il vise le débarquement de ces malades, etc..., dans le port neutre ; il engage l'Etat neutre qui devient responsable des destinées de ce chargement. Ces hommes ne doivent plus servir pendant la durée de la guerre.

Il ne semble pas, de prime abord, que ces prescriptions soient sujettes à contestation. Mais il nous est impossible de ne pas faire remarquer avec l'auteur du remarquable traité : « Du régime international de la mer territoriale en paix et en guerre » que la théorie de la neutralisation a pris, depuis quelques années, une extrême extension, qu'il s'est fait une transformation du vieux droit de guerre, que de plus en plus le neutre, écrasé jadis par les belligérants, a pris peu à peu le pas sur ses ennemis (1). — Le privilège accordé aux neutres par la « Conférence » quoique fort en faveur

(1) Godey, page 152, *loc. cit.*.

des blessés, n'est cependant pas fait pour détruire cette impression. — Il ne faut pas qu'il devienne l'objet de contestations inopportunes ou dangereuses ; en se tenant dans les limites des règlements ils peuvent rendre les plus grands services aux nations engagées, à leurs malades, à leurs blessés.

IV. — *Jurisprudence maritime des combats.*

Il appartient à la jurisprudence maritime de mettre d'accord les conclusions de la Conférence de la paix avec les éventualités des combats sur mer.

Nous soumettrons quelques difficultés aux personnes mieux qualifiées que nous pour y répondre.

« Le secoureur est au service de tous les partis. »

Cette maxime est la pierre angulaire des secours maritimes de l'avenir. — Peut-elle, doit-elle être acceptée, sans réserve, dans tous les cas ?

Elle soulève d'autres questions.

1. — Un bâtiment secoureur solitaire, portant pavillon national, peut-il, s'il rencontre une escadre ou un groupe de cuirassés, être annexé, recevoir d'eux l'ordre de les suivre ? — Doit-il le faire ?

2. — Le concours d'un bâtiment secoureur peut-il être refusé, avant le combat, par l'un des partis, spécialement par le chef de l'escadre ennemie ? Si oui, peut-il y avoir conflit ?

3. — Doit-il, d'une manière générale, attendre un signal, ou peut-il agir sur sa propre initiative ?

4. — Est-il tenu, dès que le feu est commencé, d'obéir au premier signal reçu, qu'il vienne de l'escadre ennemie ou de la sienne ?

5. — Si deux navires de nationalité différente réclament en même temps sa présence, au secours duquel doit-il se porter ?

6. — Son assistance peut-elle être repoussée pendant le combat par le vainqueur d'un bâtiment qui se croit perdu et qui a réclamé son intervention ?

Autant de questions qui tiennent à des situations délicates, dont quelques-unes cotoient la casuistique, si ce terme peut s'appliquer aux choses navales, mais dont la solution nous paraît, en plus d'un cas, être plutôt du ressort des marins que de celui des médecins.

Voici quelques réflexions personnelles :

La Conférence internationale de la paix à laquelle assistaient des médecins de différentes nations, en encourageant et en élargissant le cercle des secours, ne l'a pas fait avec l'intention de créer aux combattants des obstacles sur le champ de bataille, mais de faciliter les secours aux victimes de la mer et du feu avec l'intention non de sauvegarder les engins des combats, mais bien des existences inutilement exposées ou compromises.

Elle a donc inscrit comme premier principe que : « ces bâtiments « de secours ne devront, en aucune manière, gêner les mouvements « des combattants ».

N'est-ce pas ce principe que nous avons esssayé de fixer dans la première partie de ce travail en exposant ce que nous avons appelé « *la tactique du bâtiment de secours* »

Mais il ressort du conflit intime qui existe actuellement entre l'homme de combat, dont le rôle est de détruire l'ennemi, de semer la mort, et celui dont le but est d'en atténuer les résultats, de protéger la vie ; il ressort la nécessité de bien définir et au besoin de limiter impérativement d'avance le rôle du second, pour qu'il n'y ait pas, au moment de l'intervention, de confusion funeste. Si non, en dehors même des dangers qu'il peut courir, on l'exposerait à l'application par les combattants, ou par l'un d'eux, de l'alinéa 5 du paragraphe 4 : « Ils pourraient refuser son concours, lui enjoin- « dre de s'éloigner, lui imposer une direction déterminée ». Question à traiter à fond avant le début des hostilités (et il faut rappeler que le canon peut se faire entendre dès le premier jour), afin que les nations en guerre, dans la personne de leurs chefs, se soient prononcées sur sa présence et qu'ils en aient accepté les conséquences : après cela la diplomatie aura fait place au canon.

A la première question. — « Le bâtiment solitaire, dans l'hypo- « thèse qu'il aurait quitté la rade sans son escadre, ou, qu'étant « sorti avec elle il la perd de vue, peut-il recevoir de l'ennemi « l'ordre de le suivre ? »

Nous répondrons sans hésitation : Non.

Il serait trop aisé d'abuser de ces rencontres. Qui assurerait que cette escadre, après l'avoir annexé, n'irait ensuite bombarder un port, opérer un débarquement, et se serait-elle donné au détriment du propriétaire du secoureur un appoint dont elle ne semble avoir la jouissance que pendant un combat quand les flottes sont en présence ? Autrement dit, un secoureur nous paraît inaliénable en dehors du combat.

Aussi, ne serait-ce que pour éviter des conflits, en concluons-nous deux choses :

Toutes les nations doivent avoir leurs bâtiments de secours ; elles doivent se faire suivre par eux et ne pas les perdre de vue.

Nous lisons cependant, dans le même article 4 le terme le *détenir*. Nous ne saurions y attacher le même sens qu'au mot « *annexer* »

Le premier n'implique-t-il pas plutôt une idée de méfiance, l'appréhension d'un espionage ; cela ne nous paraît pas douteux. Le bâtiment de secours laissé à lui-même, après une rencontre fortuite, ne pourrait-il, en effet, en rejoignant les siens, s'il les trouve, les en informer, leur donner des indications sur la direction suivie ?

Cette hypothèse est possible ; il faut la prévoir. On comprend dès lors que l'escadre ennemie qu'il a rencontrée le retienne pendant quelques heures, lui imposant une autre direction, ou mieux retarde sa marche.

Tout cela est motif pour que le secoureur suive son escadre et ne la quitte pas.

Reconnaissons que cette supposition ne s'adresse qu'à une rencontre avant un combat.

Si la rencontre se fait après le combat :

Le bâtiment de secours peut-être chargé de malades, de blessés, de naufragés. Il n'a rien de plus pressé que de gagner au plus vite un port abri ; nous ne pensons pas que la visite d'un ennemi soit de nature à retarder son voyage ; il continuera donc sa mission dans les conditions qu'ont prévus les règlements.

Cependant si le ou les bâtiments de guerre qu'il rencontrerait sont eux-mêmes encombrés de malades, nous pensons, s'il reste au secoureur des espaces vides, qu'ils auront toujours le droit de s'en débarrasser et de lui désigner le port où il devra les déposer. Cependant le bâtiment de guerre qui se défait de ses malades se donne évidemment un avantage au détriment de l'ennemi. Si l'humanité l'en autorise, en est-il de même des lois de la guerre ? — Il appartient aux marins de se prononcer.

Les questions, nos 2, 3, 4, 5 appartiennent à un même ordre d'idées.

Les anciens Congrès de la Croix-Rouge, et spécialement celui de Berlin, en 1869, qui disait formellement que « le *Pavillon jaune*, « hissé par un bâtiment de guerre qui brûle ou qui coule, indiquera « aux bâtiments de secours qu'il réclame leur intervention », avaient prévu le cas. Nous regrettons que la Conférence internationale de La Haye n'ait pas cru devoir le rappeler. Il est probable que le principe serait toujours admis; ne serait-ce la meilleure garantie d'un pressant besoin? Mais il faut admettre alors que le secoureur peut y obtempérer, et même qu'il le doit, sans l'autorisation des chefs d'escadre qui peuvent être hors de vue, enveloppés par un nuage de fumée... et puis quel retard dans l'intervention dont les résultats heureux tiennent à si peu de choses, à quelques minutes. Nous concluerons à la liberté au moins relative du secoureur.

Il est incontestablement des cas dans lesquels la nécessité de l'intervention ne fera de doute pour personne. Mais tous ne sont pas aussi clairs : l'entraînement du combat peut amener un cuirassé à se précipiter de toute sa vitesse sur un navire désemparé pour l'achever, ou encore à le cribler, jusqu'à la fin, de sa puissante artillerie. Celui-ci a donc hissé son pavillon de détresse.

Que fera le secoureur?

S'exposera-t-il, en approchant trop, aux coups de l'adversaire?

Le verra-t-il sombrer sous ses derniers projectiles, sans lui accorder le secours qu'il réclame de lui?

Grave alternative! Mais, après avoir affirmé le principe du respect du combat, le secoureur ne tentera pas l'intervention tant qu'il durera, quelle que soit la durée, se prolongerait-il au delà des bornes que l'humanité semble prescrire. Il ne peut en être que le spectateur attristé.

Nous espérons que des écrits, émanant de plumes plus autorisées que la nôtre, et même de certains combattants qui ne peuvent être soupçonnés de faiblesse (1), contribueront à l'adoption de la mesure qui doit exister entre le combat nécessaire, le combat qui est un devoir, et cette lutte à outrance qui expose à un plus sévère jugement lorsqu'elle est inutile.

(1) *Revue maritime.*

Lorsque le feu est commencé, nous pensons que le bâtiment de secours doit donc répondre au premier appel qu'il recevra soit de l'escadre ennemie, soit de la sienne, parce qu'un bâtiment atteint par un coup malheureux, peut être menacé dès le début de l'action.

S'il était appelé de deux côtés en même temps, nous pensons qu'il doit se rendre au bâtiment le plus proche de lui, parce que c'est là qu'il peut rendre les services les plus immédiats.

Quant au choix du secours entre un bâtiment de sa nation et celle d'un bâtiment ennemi, il paraît naturel qu'il porte d'abord secours aux bâtiments de sa nationalité. Mais c'est une de ces éventualités auxquelles il est impossible de donner d'avance une solution qui puisse faire loi. Il appartiendra aux chefs d'escadre de s'entendre sur ces points exceptionnels, et de solution délicate où des responsabilités de plusieurs sortes seront engagées! *Judicium difficile!*

V. — Expéditions lointaines et guerres coloniales.

Les secours dans les expéditions lointaines, que ces expéditions aient pour but la conservation et la défense des possessions acquises, ou la conquête de possessions nouvelles, ne pouvaient être classés dans la première partie de cette étude.

Guerres maritimes, mais aussi guerres continentales, elles participent de l'organisation des unes et des autres.

Des distances plus grandes nécessitent la prévision de secours nouveaux, d'hôpitaux flottants fixes, qui ne sont, à vrai dire, ni les bâtiments secoureurs, ni les hospitaliers des guerres de haute-mer.

Leur étude constitue la troisième partie ou troisième phase du présent travail.

Ce que nous avons déjà dit, nous autorise à être court.

La première création des bâtiments-hôpitaux pour les expéditions lointaines date à peine de trente ans. On n'avait avant cela que des transports qui servaient à plusieurs fins et qui prenaient indistinctement, et même simultanément, du matériel et des troupes, des malades et des chevaux.

Cette critique est vraie : qu'elle s'applique à la guerre de Crimée (1854-55) ; à la guerre d'Italie (1859) ; à celle du Mexique (1866) ; à la première expédition de Chine (1863)....

Les Anglais, qui avaient été particulièrement éprouvés au début de la guerre d'Orient, furent les premiers à réagir contre les vieilles pratiques dans leur guerre contre les Achantis.

Puis ce furent la France (Cochinchine et Tonkin); l'Italie (à Souakim); la Hollande (à Atchez); enfin les Anglais, dans leur seconde expédition en Afrique, qui réalisèrent à l'envi des types presque parfaits de commodité et d'hygiène.

Somme toute, en relevant, dans ces différentes expéditions, les formations sanitaires auxquelles elles ont successivement donné naissance et dont l'étude peut nous servir pour l'avenir, nous pouvons présenter le tableau suivant :

Transports-Hôpitaux	Transports officiels des Etats ou affrétés d'une Compagnie.
Hopitaux flottants	Pontons-hôpitaux. Bâtiments stationnaires.

A. — Les transports officiels des Etats trouvent leur usage chez toutes les nations, depuis 1873 en Angleterre, depuis 1878 à 1884 chez nous, par la construction de nos transports de l'Indo-Chine, dont le *Shamrock* était le modèle le mieux réussi, répété depuis huit fois dans le *Vinh-Long*, la *Nive*, le *Mytho*, l'*Annamite*....

Ce type nouveau dont l'ingénieur Cazelles était le promoteur et l'auteur, était en fer, avait 105 mètres de long, déplacait 5,700 tonnes, possédait une vitesse de 12 à 14 nœuds et pouvait porter 900 passagers dont 500 malades. Il a été décrit avec soin par le docteur Palud (1).

Ces bâtiments, malgré quelques défauts sérieux inhérents surtout au principe de la spécialisation qui n'y avait pas été adoptée dans une idée un peu étroite d'économie, ont rendu cependant les meilleurs services, et étaient supérieurs aux affrétés le *Colombo*, le *Cachar*, le *Canton*, le *Comorin*, qui leur ont succédé.

S'ils ont été repris dernièrement dans la récente expédition de Chine, s'ils ont fourni une nouvelle destinée, il n'est pas moins vrai qu'ils sont inférieurs, comme nous l'avons déjà dit, aux bâtiments de secours des autres nations, surtout, parce qu'ils devraient être

(1) Dr Palud.—Le transport-hôpital le *Shamroch*. Thèse de Montpellier, 1885.

entièrement spécialisés, afin d'éviter les influences nocives et les germes d'infection qu'y déposent troupes et chevaux dans le voyage d'aller et dont on arrive très difficilement à les débarasser.

Dans le remarquable rapport que M. le médecin en chef Burot a déposé au Congrès médical de 1900, (1) on trouve une description des modifications et des transformations que devraient subir, d'après cet auteur, les transports-hôpitaux actuels que possède la France, pour satisfaire aux exigences des guerres de l'avenir. Il insiste sur la nécessité d'allonger ces hôpitaux flottants de 30 mètres, afin de donner plus de place, dans les fonds, à la machine, au charbon, à la glacière ; dans les hauts, aux salles des malades et aux dépendances.

Ces idées judicieuses méritent d'être lues et méditées de tous ceux qui s'occupent de cette question. Mais nous croyons qu'une nation qui ne possède pas déjà de bâtiments de secours aura avantage à affréter un ou plusieurs bâtiments des Compagnies et à leur imprimer le caractère de modernité qu'il sera toujours difficile de donner à un bâtiment ancien.

Les expéditions lointaines et surtout les coloniales se font dans des régions où les affections revêtent un caractère endémique, là où les influences telluriques sont pernicieuses, où les hôpitaux de terre, élevés au ras du sol, sont insuffisants et dangereux ; il faut des hôpitaux flottants.

On établit les uns sur des pontons, pontons-hôpitaux sans mâture, recouverts d'une double toiture comme la *Minerve*, au Gabon ; la *Corrèze*, à Diégo-Suarez ; le *Melville*, à Hong-Kong.

Les autres sont des bâtiments-hôpitaux stationnaires ; ils sont plus fréquemment usités ; ils répondent mieux aux besoins des expéditions coloniales.

Depuis trente ans, leur usage s'est constamment étendu :

Les Anglais, à la Côte-d'Or, ont donné à leur « *Victor-Emmanuel* » une importance exceptionnelle. Ils en ont fait un hôpital modèle.

En 1896, dans une nouvelle campagne contre les Achantis, ils affrétèrent un magnifique steamer de la « *Peninsular and Oriental Company* » de 4,800 tonnes et en firent un hôpital luxueux.

(1) Dr Burot. — Transports-hôpitaux dans les expéditions coloniales.

Puis ce furent les Italiens, dans la mer Rouge : ce fut le *Garibaldi*, à Massouah ; l'*Oronte*, à Souakim (300 lits); puis le *Gange*, enfin, en 1885.

Plus tard les Hollandais, dans leur expédition contre les Aspeh, affrètent le *Philips-Van-Marnix*, et c'est à bord de ce bâtiment-hôpital, comme nous l'avons déjà dit, qu'apparut, pour la première fois, un régime administratif nouveau.

Etant donnés les résultats acquis que concluons-nous, et à quelle nation donnerons-nous la préférence?

Quand les expéditions lointaines se prolongent, il faut des bâtiments-hôpitaux de plusieurs sortes :

a) *Bâtiments officiels*, armés et entretenus par les Etats en guerre : le *Vittikind* des Allemands, le *Solace* des Américains, la *Nive* des Français.

b) *Bâtiments à la charge des Sociétés* : le *Savoia* des Sociétés allemandes, le *Czaritza* des Russes, le *Notre-Dame-du-Salut* de la Société française de secours aux blessés.

c) *Enfin un stationnaire hospitalier* flottant.

Dans la dernière campagne, les hôpitaux de Nagasaki, situés en pays ami, permettaient l'évacuation des malades dans une région saine et remplaçaient ainsi les transports stationnaires sur les rades.

Mais, cet heureux avantage existera-t-il toujours?

Il est évident que dans la plupart des expéditions, il faudra des stationnaires hospitaliers.

Les Sociétés de la Croix-Rouge, qui voudraient prendre part aux expéditions lointaines, feront bien d'imiter le *Savoia* des Allemands qui nous paraît le type correspondant des Anglais dont nous ignorons le nom. Ils lui donneront le régime autonome dont nous avons déjà parlé.

Chez nous le *Notre-Dame-du-Salut* est un essai qui, quoique incomplet à certains égards, — nous avons dit lesquels — mérite d'être encouragé : la spécialisation et l'autonomie en feront un type parfait.

Il a quitté Nagasaki, est rentré en France avec un convoi de 250 malades au moins, ayant ainsi terminé sa mission dans la guerre de Chine.

Ce serait dépasser les limites de ce travail que de parler des hôpitaux à créer à terre en pays étranger. On ne saurait le faire que dans des régions saines. Il ressort de ce que nous venons de dire que, dans les régions tropicales, il faut avant tout chercher la création d'hôpitaux flottants.

Si la Croix-Rouge a pu établir un hôpital permanent à Nagasaki, et un hôpital de campagne à Tien-Tsin, c'est grâce au climat sain et tempéré du Japon.

Nous croyons devoir rappeler encore une fois que si les autres Sociétés françaises n'ont pas eu de bâtiment-hôpital dans l'Extrême-Orient, elles ont activement coopéré aux secours par des envois d'une extrême générosité à l'escadre, aux bâtiments-hôpitaux à terre. Dans les colonies, dans les campagnes lointaines, comme en France, elles sont appelées à rendre, dans cette voie, des services inappréciables.

SUPPLÉMENT

Secours de première ligne (à bord des navires de combat.)

L'organisation des secours à bord des navires de combat ne ne rentre qu'indirectement dans l'étude présente.

Ces secours particuliers, officiels, que chaque Etat approprie à ses inspirations et à ses besoins, sont indépendants des questions diplomatiques et des mesures qu'elles élaborent et qu'elles couvrent ensuite de leur haut patronage.

Ce n'est donc que sous la forme d'une annexe, nous pourrions dire de preuves justificatives, que nous pouvons en donner un abrégé succinct. Mais, les passer entièrement sous silence serait négliger des faits dont la connaissance est nécessaire à l'étude générale des secours et qu'il était impossible de mentionner ailleurs sous peine d'alanguir la marche du sujet.

Les secours organisés à bord des navires de combat constituent la première phase des secours des combats maritimes.

Le bâtiment de guerre porte dans ses flancs les secours de première ligne, secours régimentaires des combats sur terre ; car sur mer, le terrain du combat, c'est le bâtiment lui-même et le milieu ambiant sur lequel il flotte ; (champ du combat).

Depuis douze ans, sinon davantage, tous les efforts des médecins de la marine se concentrent sur l'organisation des moyens favorables à ce résultat : postes et passages des blessés pendant le combat, — parce que c'est là que doivent se donner les premiers soins, au moins aussi nécessaires que les secours parallèles qui se donnent sur terre.

En temps de paix, les navires de guerre sont à peu près pourvus, médicalement parlant, de ce qu'il leur faut, suivant la variété des types de combat ; ils ont dans la batterie une et quelque fois deux infirmeries assez spacieuses, très claires et très aérées. Prévues au plan primitif du bâtiment, elles sont toujours réservées à cet usage avec deux ou trois lits par cent hommes. Elles ont toutes les annexes nécessaires : Pharmacie, petite salle de visite, salle de bains, water-closets, étuve à désinfection, etc...

Mais cet ensemble de moyens sanitaires, établi dans les superstructures non protégées, sont exposés à une destruction rapide par les projectiles et par le feu ; le bois y tient toujours une trop grande part. On ne pourrait déposer des blessés dans ces locaux, — s'ils existent encore, — que lorsque le combat serait terminé. Si l'on s'en servait pendant l'action, ne serait-ce qu'à titre d'abri temporaire, ce que l'on ne peut conseiller, ce serait avec tous les risques et périls que courraient des places très dangereuses, parce qu'elles seraient très menacées.

Il faudrait donc avoir, nous devrions dire il faudrait créer dans les parties protégées du navires, c'est-à-dire au-dessous des ponts cuirassés, des locaux assez spacieux pour recevoir sinon tous — ce serait impossible — mais une proportion sérieuse de blessés, en même temps que les objets de pansement et les médicaments qu'il faut mettre, à tout prix, à l'abri de la destruction.

Ces locaux avaient été indiqués dans une prévoyante dépêche du Conseil des Travaux de 1892 qui enjoignait aux Ingénieurs de s'en occuper quand le navire de guerre était en construction.

Pour quels motifs ne furent-ils donc pas réservés ? Si, dans certains cas, il fut tenu compte de cette dépêche, le local ne fut jamais spécialisé ; ce ne fut qu'une étoffe disponible dans laquelle on tailla pour de nouveaux besoins, et, sauf de rares exceptions, et après bien des années de pressantes sollicitations, les choses en sont restées là. On crut d'ailleurs, là où ces postes furent ménagés, pouvoir compenser la dimension par le nombre. Mais quelle signification peuvent avoir des réduits, si le nombre des médecins, toujours rares, n'y répond pas ? Un poste de blessés sans médecin n'est qu'une remise.

Et cependant, la fragmentation multiloculaire des fonds protégés par des cloisons étanches hermétiquement closes pendant le combat, en rendant les communications difficiles et parfois impossibles, a paru donner un caractère rationnel à cette nouvelle idée qui n'a été d'ailleurs qu'exceptionnellement réalisée dans la pratique. Aussi le Dr Léo, dans un récent travail (1), a-t-il pu écrire, avec l'assenti-

(1) *Revue maritime*, 1901, page 162.

ment de l'autorité : « En ce qui concerne la réglementation et l'ins- « tallation des blessés pendant le combat, la question n'a pas fait « un pas depuis trente ans ».

Tant que cette situation existera, la nécessité des bâtiments de secours en sera d'autant plus urgente, ne serait-ce que pour désemplir, après les combats, des ponts où gisent blessés et mourants.

Tout le monde, sauf quelques très rares... — *rarissimi nantes,* — s'entendent sur la nécessité d'un local protégé. Nous dirons plus loin quelle a été l'origine de cette légère divergence dans laquelle, à côté de quelques faits exacts, il y a un malentendu dans les mots.

Voici d'après nous, quelle doit être la formule de l'avenir :

Il faut prévoir ce poste sur les plans du bâtiment et dans sa construction ; et puis, il faut aussitôt le *spécialiser, ce qui veut dire lui imprimer, dès ce moment même, c'est-à-dire immédiatement, le caractère d'hôpital, qu'il devra conserver par la suite.* Ce jour-là le local ne sera plus disponible. « Il faut du vin, on prévoit la cambuse ; il faut de la poudre, on prévoit la soute ; il y aura des blessés, beaucoup de blessés, il faut prévoir pour eux un asile (1) ».

On n'a jamais songé à détourner l'infirmerie du temps de paix de sa destination première. Qui voudrait se rendre responsable de ce détournement ? Et combien nous paraît plus important l'abri du temps de guerre, émouvant lieu de rendez-vous du dernier des matelots blessé comme du premier des capitaines !

Il y aurait quelque peu de mauvaise grâce à insister davantage sur la situation actuelle, seulement il faut travailler avec ténacité à la modifier, car c'est une œuvre qui doit s'accomplir et qui s'accomplira comme tant d'autres.

Les Italiens, quoiqu'on en ait dit, sont convaincus de la nécessité de ces postes (2).

« Il faudra autant de postes de blessés qu'il y a de médecins « embarqués, le médecin en chef occupant le poste central ».

« Dans ces postes, il y aura un espace suffisant pour contenir le « matériel médical et pour permettre les libres mouvements du per- « sonnel : un médecin, deux infirmiers, deux ou trois agents civils, « brancardiers auxiliaires.

(1) *Revue maritime.* Paris, 1896 page...

(2) Dr Filippo RHO. *Revista marittima.* I moderni criteri sul servizio ne combattimenti navali.

« Aux postes de blessés devront être annexés des locaux distincts « (logement, chambre des dynamos, de la timonerie, etc.) tout cela « dans les fonds, pour recevoir sur des matelas, provisoirement, les « blessés pansés et ceux à panser.

« Dans ces postes aboutiront pour les blessés, des passages dis- « tincts de ceux des munitions. A chacun de ces passages seront « affectés un groupe de quatre brancardiers titulaires et quelques « brancardiers auxiliaires.

« Les postes et les passages devront être étudiés pour chaque « type de navires, et on choisira de préférence des locaux bien « aérés, éclairés et protégés par la cuirasse, si cela est possible.

« Il est à désirer que l'on comprenne cette étude dans les plans de « construction, etc. »

Voilà qui nous met au courant des idées de la marine italienne de l'avenir.

On vient de lancer aux Forges et Chantiers de la Méditerranée, pour le compte de la Marine Impériale russe, le cuirassé le *Czarewitch* (1) dans lequel les postes de blessés sont établis dans d'excellentes conditions et conformément au journal du Comité technique du 2 juin 1898.

Construit dans la partie protégée du navire, non chauffée et accessible aux blessés, la surface et le cubage minimum sont prévus.

Près de ce poste, un deuxième compartiment où les blessés pourront attendre leur tour de bandage et être abrités jusqu'à la fin du combat.

Aérage artificiel, éclairage électrique ; table opératoire, conduite d'eau chaude, etc... tout y est, ou plutôt tout y sera prévu.

En Russie comme en Italie, la réforme est donc demandée ou est en voie d'exécution.

Nous nous résumons :

A des cuirassés de haut bord, il faudrait un poste qui pût loger et aliter sans trop de peine quarante blessés ; pourvu d'eau chaude, d'eau froide, d'électricité, toutes choses qui existent déjà à bord de certains navires, mais pas sur tous, et qui ne soient pas le résultat de la complaisance (2) d'un tel ou d'un tel, c'est-à-dire pou-

(1) FONTAN. Rapport au Congrès de 1900 (*Revue maritime*, mars 1901).
(2) Rapport du Dr Léo, mars, 1901. *Annales de médecine navale.*

vant être refusé; mais réglementaires comme un passage de projectiles.

Est-ce de ces difficultés et de ces résistances qu'est née depuis quelque temps une sorte de réaction contre les postes dans les fonds protégés ? Peut-être, mais peut-être aussi de quelque insuffisantes appréciations des besoins réels, et de quelques malentendus dans les mots.

Nous n'ignorons pas qu'il est des navires, comme les croiseurs, et surtout comme les contre-torpilleurs, qui n'ont point ou qui ne peuvent avoir que très difficilement de postes de blessés protégés. Tout au plus pourrait-on réclamer pour eux une cabine cuirassée pour la protection des choses de premières nécessité qui ne sauraient être détruites sans annuler tout secours (1).

C'est évidemment sous cette impression pénible que l'auteur du mémoire des « Secours aux blessés des guerres maritimes » écrivait dès 1894 : « Nous avons cru remarquer qu'une pensée germe « dans plus d'un cerveau, celle de chercher ailleurs, serait-ce dans « les œuvres mortes, un refuge temporaire ; mais ne pourrait-on « prévoir, pour de semblables postes, le bénéfice d'une protec- « tion (2) » ?

Cela n'eût été possible, en effet, d'après la pensée de l'auteur lui-même, qu'en en prévoyant la protection, et la protection dans les parties supérieures, c'est-à-dire au-dessus des ponts cuirassés, où cette mesure n'a jamais été prévue. L'auteur cité ne paraît pas avoir repris cette idée ; et ne serait-ce pas abandonner aujourd'hui la proie pour l'ombre que d'insister actuellement, pour demander probablement une chose irréalisable dans les conditions où se construisent nos navires, où la stabilité du navire, ses facultés giratoires, etc..., doivent être avant tout sauvegardées, alors surtout que nous apercevons la possibilité de mettre le pied sur la terre promise... depuis longtemps par des décrets officiels eux-mêmes, et qu'un léger déplacement dans l'arrimage intérieur du navire suffira probablement à nous accorder?

Dans ces questions qui sont, avant tout, affaires de sens et de

(1) Les croiseurs seront leurs propres sauveteurs par réprocité. (Secours aux blessés et aux naufragés... *Rev. Mar.*, 1894).

(2) Idem.

mesure, il faut se dépouiller de toute nervosité, et c'est ce qui n'a pas toujours eu lieu.

Un article du capitaine de vaisseau Concas y Palan (1), publié dans la *Revista general de Marina*, semble avoir contribué, par la narration des scènes émouvantes auxquelles a assisté l'auteur, comme chef d'état-major de l'escadre espagnole à Santiago, à modifier chez quelques personnes le but que nous poursuivons des postes de secours protégés.

Quoi que nous fassions, dès à présent, toutes nos réserves sur les conclusions de l'auteur et sur celles de son traducteur et commentateur, on ne saurait nier l'influence trop vive qu'exercera toujours sur des esprits impressionnables la narration d'un témoin oculaire qui vient vous dire : « J'ai assisté à ces scènes désolantes, et j'y ai pris une large part ».

Notre auteur, dans une philippique contre les postes dans les fonds, nous peint sous les couleurs les plus vives, nous voulons dire les plus sombres, l'infirmerie pendant le combat. « Quel triste spectacle et quelle cohue ! les postes protégés où l'on ne pénétrait que par d'étroits passages et par des escaliers à pic, effrayaient tellement les malheureux blessés qu'ils déclaraient à grands cris préférer de nouveaux risques de mort par le feu à ceux d'être enterrés vivants ».

Il faut voir les choses plus froidement. On ne pourra cependant leur assurer un belvédère à ces malheureux; et s'il est doux de vivre ou de mourir en regardant le ciel, ne vaut-il encore mieux vivre, au prix de quelques jours... ou de quelques heures, dans un abri peu engageant.

Nous ne conseillerons jamais à une escadre en bois qui flambe comme l'escadre espagnole à Santiago, de descendre les blessés dans les fonds, ces fonds fussent-ils protégés ! Ce combat qui, comme l'a dit très bien le docteur Léo, n'a guère été pour les Américains, qu'un exercice de tir, n'est-il pas une condition réellement exceptionnelle et peut-il servir de ligne de conduite pour les mesures à prendre en vue de l'avenir ? Nous ne le penserons jamais.

C'est justement parce que nos marins blessés ont droit à mieux qu'au « tombeau des Vestales » que nous ne cesserons de

(1) L. PETIT. — La bataille de Santiago. *Revue maritime* 1900, p. 88.

réclamer pour eux un poste protégé, dans les fonds d'un abord plus facile. « L'infirmerie de combat, dit plus loin M. L. Petit « dans son observation bien comprise cette fois, doit avoir un « grand panneau d'accès facile, permettant de descendre aisément « les blessés, et, surtout, de les remonter, si le danger presse ».

Voilà tout ce que nous demandons nous-mêmes ; mais c'est aux marins et aux ingénieurs à nous le donner ; et le jour où on l'aurait, il ne pourrait y avoir de confusion entre *le poste principal, rendu plus abordable, suffisamment spacieux, pourvu des moyens qui permettront de le quitter comme on y est entré*, si l'on était menacé d'y périr, et le poste temporaire dont nous allons parler bientôt ; car il n'y a rien comme ces confusions pour rendre l'opinion indécise, flottante et pour substituer l'erreur à la vérité.

C'est ce que pensent, sauf à de très rares exceptions, les médecins-majors de notre flotte.

La très grande majorité du personnel combattant et du personnel médical semble être du même avis sur le point suivant : on ne pourra descendre les blessés au poste protégé pendant l'action, mais seulement dans les intervalles, pendant les *accalmies, pendant les passes* ; mais l'encombrement des ponts, des passages, d'une tourelle, peut mettre en présence de nécessités qu'il faut avoir prévus. *Il ne faut donc pas dire : on ne pourra rien faire pendant le combat, mais se préparer et être prêt à faire tout ce que la situation commandera, soit un dégagement, soit un transport des blessés, si les circonstances l'imposent.*

Nous entrons dans quelques détails sur les *Postes et Passages*.

Postes et Passages. — Les médecins de la marine ont longuement étudié un sujet qui, par son importance, réclame une solution définitive.

Dans ces derniers temps, le docteur Léo s'est spécialement voué à cette étude.

Les conclusions du mémoire qu'il présenta en mars 1901, étaient :

1° Jusqu'à présent, on n'a pas considéré, dans la construction et l'armement des grands bâtiments de guerre, le poste et le passage des blessés comme des rouages de première nécessité. On n'a pas appliqué les prescriptions ministérielles mettant à l'étude et ordonnant l'installation des postes et passages.

2° L'installation méthodique et technique d'un poste de blessés sous cuirasse et de passages pratiques y aboutissant, est indispensable, et les bâtiments de guerre ne doivent pas plus s'en passer pour aller au combat que les *régiments de leurs ambulances*.

3° Seule une réglementation détaillée, insérée dans le décret sur le service à bord et dans le décret relatif aux prescriptions générales pour le temps de guerre, peut et doit fixer, comme pour tous les autres services du bord, l'utilisation du matériel et du personnel pour l'évacuation et la mise à l'abri des blessés au combat.

Et dans ce travail, comme conclusion, il indiquait ce qu'il y aurait à faire à l'avenir, pour réaliser cet important desideratum.

Dans un nouveau et plus récent mémoire, il reprend la question à propos de l'un de nos plus importants cuirassés en armement le *Suffren*.

Quand la Commission préfectorale s'est réunie pour y installer les postes de blessés, elle n'y trouva aucun local prévu.

Il fallut, comme sur les autres bâtiments, s'ingénier à trouver locaux abrités et passages. Or, n'est-il pas regrettable que ce ne soit qu'à l'armement qu'on songe à installer cet important service dans des locaux d'occasion ?

La Commission, après recherches, a trouvé le moyen d'utiliser le grand panneau de descente aux chaufferies milieu, d'un diamètre de près de trois mètres, ayant des dimensions telles qu'il sera toujours possible d'y faire circuler deux plates-formes ascenseurs pour la descente et la remontée des blessés dans des cadres.

La Commission a donc décidé qu'elle utiliserait le grand panneau central circulaire, situé vers la moitié de la longueur du navire, ce qui réduit au minimum le parcours à effectuer pour y arriver, et elle a placé le poste central des blessés dans les compartiments centraux de l'entrepont blindé, au-dessus des chaufferies, choisi en raison de l'espace considérable disponible dans les deux compartiments qu'il comprend et aussi à cause de la grande facilité de son accès, par le panneau de descente aux chaufferies milieu...

Poste de secours. — La Commission s'est également préoccupée des postes de secours secondaires. Il a été fait choix, pour ce poste, d'un point, sorte de carrefour de convergence des blessés. Son emplacement entre casemates et sa protection partielle contre les coups d'enfilade par les parties basses des tourelles, de 305 et de 164.7, permettent d'espérer son intégrité pendant le combat. Ce poste se trouve à l'orifice du grand panneau de descente au poste central. Il a donc le double avantage d'abriter provisoirement les blessés pendant le combat, et de les mettre dans une condition favorable à une rapide évacuation.

Donc poste de secours ;

Poste secondaire avant, qui est le compartiment du cabestan ;

Poste de secours arrière qui est le compartiment de l'entrepont blindé.

Tous sont accessibles directement, depuis le pont de la batterie, ce qui permet d'y descendre facilement un blessé dans la gouttière, tous communiquant entre eux par les portes des cloisons étanches.

Grâce à la diligence éclairée du commandant actuel du *Suffren*, qui en a surveillé l'exécution précise et rapide, ce service paraît destiné à être organisé à bord du *Suffren*, comme il ne l'a pas encore été à bord des navires de la flotte. Trois gouttières Auffret (une de plus que le chiffre réglementaire), donnent accès aux postes secondaires et au poste-avant.

Deux cadres, dirigés en filières conduisent des parties supérieures du bâtiment au poste principal, et des hamacs Guézennec sont disposés pour transporter en civière des blessés des divers points du bâtiment à l'entrée du panneau central.

Voici, du reste, les règles générales à suivre pour le choix des postes de blessés et passages, d'après l'auteur de cet important travail.

1. Le poste des blessés doit être, autant que possible, au-dessous du pont blindé, ou au moins, à l'abri de la cuirasse latérale.

2. Il doit pouvoir abriter au moins un dixième de l'équipage, les blessés étant couchés soit dans des cadres, soit sur des matelas.

3. Il est préférable qu'il soit unique pour économiser le matériel et le personnel et éviter les fausses directions.

4. Il doit être en communication aussi directe que possible avec les passages le desservant, et le mettant en communication avec les différents étages du bâtiment.

5. Les passages des blessés doivent être assez larges pour donner accès aux gouttières métalliques et permettre le fonctionnement d'un va-et-vient de ces gouttières et de cadre monte-charges élec-

triques. On doit prévoir l'évacuation du poste des blessés par les mêmes moyens qui ont permis d'y amener les blessés.

6. Le poste des blessés doit être ventilé soit directement par les passages, soit artificiellement par des ventilateurs. Il doit être éclairé à l'électricité par des lampes fixes et par des lampes mobiles.

7. Il doit être muni d'une double conduite d'eau distillée, l'une amenant l'eau chaude, l'autre l'eau froide, et d'une voie d'évacuation des liquides vers la cale.

8. Le nombre des gouttières métalliques, jusqu'à présent réglementairement fixé à deux pour les cuirassés et une pour les croiseurs, doit être proportionné aux besoins variables de chaque bâtiment.

9. Un rapport est établi par le médecin, membre de la Commission, etc.

Nous ajouterons :

Il est impossible de généraliser toutes les mesures à bord de tous les navires construits et armés, mais il faut autant que possible s'en rapprocher.

L'avenir doit les prévoir et les suivre fidèlement à bord des navires en construction, c'est-à-dire pendant qu'ils sont sur les chantiers. La première Commission d'études qui passera devra se pénétrer de ces conseils et veiller à leur exécution.

Le poste des blessés devra, comme nous l'avons déjà décrit, être spécialisé, les conduites d'eau froide et d'eau chaude établies à demeure, l'étuve à désinfection, désormais réglementaire à bord des navires de combat de l'avenir, sera installée, etc., et alors ce poste sera intangible, et ne pourra être détourné de sa première destination.

Les postes secondaires devront être choisis par le Commandant et le médecin-major, et, autant que possible, relativement abrités, dans le voisinage des panneaux de descente, de manière à ce que le transbordement puisse s'effectuer rapidement dans les intervalles ou à la fin de la lutte.

Si, lorsque le combat a pris fin, tous les blessés ne sont pas descendus au poste principal, sous cuirasse, comme ceux qui restent n'ont plus rien à craindre, puisque l'hypothèse est que le combat est fini, et qu'il n'y a plus de risques à courir, le médecin-major se rendra compte de la direction qu'il leur fera prendre ;

S'il y a, à portée, un bâtiment de secours pouvant les prendre, il décidera et surveillera leur transbordement ;

Si non, il les fera porter dans le carré, dans les cabines, dans l'hôpital du bord du temps de paix, si ces parties n'ont pas été détruites par le feu de l'ennemi. Il sera aidé dans ce rôle délicat, non seulement par les brancardiers de profession stylés à ces transports, mais, au besoin par les autres hommes valides du bord.

Nous ne voyons à redouter dans le choix actuel du poste principal du *Suffren* que la chute d'un projectile par les panneaux qui se correspondent ce qui, jadis, les avait fait rejeter des constructions ; — aussi cette disposition sera-t-elle généralisée à bord des navires de combat de l'avenir ? Nous l'ignorons. En attendant, acceptons ce qui nous est offert. Cependant, notons que cette appréhension est également signalée par le Dr Clayton (1) faisant allusion à la pratique conseillée par le Dr Ogston découpant un panneau dans les ponts pour le passage d'une chaise longue. Tout n'est pas dit sur ce point important.

Moyens de transport. — Après la description des postes de combat et comme complément de l'organisation du bâtiment de secours, les moyens de transport des blessés sont d'une extrême importance.

Ces transports de blessés comprennent plusieurs phases, mais en nous tenant strictement à l'étude du combat, nous ne nous occuperons en ce moment que de ce transport du point où ils sont tombés jusqu'au poste protégé, les blessés pouvant se rencontrer partout ; depuis l'un quelconque des ponts jusque dans une tourelle blindée ; depuis la hune jusque dans les fonds si un projectile malheureux vient à y toucher, ce qui s'est vu dans les combats du passé. Les mécaniciens ne peuvent-ils être ébouillantés dans leurs machines, où des fuites de vapeurs ou des projections incandescentes ont été fréquemment observées ? Il en résulte la nécessité de prévoir des transmissions en direction horizontale, mais aussi en direction verticale.

D'autre part, les postes dans les fonds ne peuvent être abordés que par des passages, des panneaux, des coursives, des escaliers, étroits, coudés, à pic...

(1) *A. Méd. nav.*, 1901, nov.

Est-il conditions plus défavorables à la transmission d'un colis aussi délicat qu'un blessé grave ?

Cependant, en se plaçant au point de vue technique, « un blessé « quel qu'il soit, qu'il soit brisé dans une chute, brûlé par des pro-« jections, éventré par des débris de projectiles, qu'il ait un membre « broyé ou une cavité ouverte, ne saurait être ni malaxé, ni fléchi, « ni tordu » (1).

« Il fallait, dit le professeur Fontan, un appareil capable d'être « apporté près du blessé, de le recevoir bien soutenu, accoré, afin « qu'il puisse, fracturé de la tête, du fémur ou du bassin, supporter « le trajet presque sans souffrir.

« Cet appareil que nous possédons depuis plusieurs années, est « la gouttière Auffret. Cette gouttière a eu, comme idée génératrice, « la grande gouttière de Bonnet, qui sert dans nos hôpitaux dans le « traitement des fractures graves, des coxalgies, etc... Mais elle est « réduite à son minimum dans le sens de la largeur par la suppres-« sion des capitonnages et la fusion des deux jambes en une seule « loge. Dans le sens de la longueur, elle est formée d'une série de « courbes moulées sur le corps d'un homme qui reposerait sur un « plan malléable : légère flexion des jambes et des cuisses, excava-« tion nettement creusée pour le bassin. Ces courbes ont pour résultat « de diminuer quelque peu la longueur de l'appareil, mais surtout « de fournir un emboîtement exact aux formes humaines, de telle « sorte que la succession ininterrompue de ces plans de soutien, « assure, dans toutes les positions, l'immobilité sans tassement du « corps inclus. En accentuant les susdites courbures on encastre « à tel point un blessé qu'il n'est besoin d'aucun accessoire pour « le maintenir en toute position, même dans la verticale. La « gouttière peut être portée à mains par les extrémités, en civière « par des gaffes placées dans des crochets latéraux ; elle peut être « voiturée sur une roulette ou glissée sous les barrots comme une « torpille à l'aide d'un chariot. En position oblique ou verticale, la « gouttière peut descendre à travers de très petits panneaux de « 0 m. 50 de côté au minimum, en protégeant toujours son contenu.

(1) Transport et transmission des blessés (VIIIe Congrès de chirurgie 1894) et *Archives de Médecine navale*, 1895.

« Tel est l'appareil moderne qui a conquis chez nous tous les « suffrages et que plusieurs marines étrangères sont en train « d'acheter ou d'imiter » (1).

Nous avons cité ce passage écrit par le professeur Fontan en 1900 parce qu'il rend d'une manière correcte l'état de la question des transports.

Nous ajouterons :

L'appareil peut être construit en osier. Le modèle en a même été réalisé à Paris, plus léger, plus pratique, plus économique.

Mais la marine a préféré l'appareil métallique.

Le premier modèle était en toile métallique.

Le deuxième modifié par le port de Toulon, est en tôle aciérée et perforée; plus solide, mais plus lourd. Les deux modèles existent et sont délivrés réglementairement aux bâtiments de l'Etat.

Chaise de Miller. — Est-ce le seul moyen de transport technique qui existe ? Non ; les russes ont la chaise de Miller.

En dehors de ces appareils nous ne connaissons que des moyens de fortune, au nombre desquels le hamac, spécialement le hamac Guézennec, avec brassière et sous cuisses, qui rendrait de bons services, surtout quand l'homme blessé ne doit être transporté qu'en position horizontale, soit en civière, soit en brancard. Les bâtiments de secours devront toujours en posséder un certain nombre.

Transport à bras. — Comme le faisait remarquer avec raison l'année dernière un article traduit de l'anglais, parlant de la guerre d'Amérique, nous avons encore à apprendre sur le transport des blessés à bord des navires de combat.

« Il ne peut y avoir, dit cet article, plus d'uniformités dans les dimensions des passages et le modèles des appareils de transport que ne le comportent les navires eux-mêmes. Au moment du combat est-on sûr que les appareils, quoique les hommes y soient exercés, ne seraient pas parfois encombrants, gênants, peu propices à un transport rapide d'un grand nombre de blessés pendant le bruit et la confusion de la bataille ? Et puis, ils peuvent avoir été détruits. »

(1) Dr Fontan. *Revue maritime*, janvier 1901.

« On a donc conseillé et employé parfois le transport à bras ».

Aussi, au moment du combat, nos hommes furent-ils obligés d'avoir recours à cette méthode (nous ignorions que les Américains avaient perdu tant d'hommes); mais ce ne peut être évidemment qu'un procédé d'exception, aussi peu chirurgical qu'il est douloureux (1).

« Après la bataille, pour le transport des blessés d'un navire à un autre, ou dans les cas analogues, ajoute l'auteur que nous citons, la méthode du transport à bras n'est pas nécessaire, car les blessés sont alors traités comme il convient. Des attelles, des bandages ont été appliqués ; on a eu le temps nécessaire pour panser les malades sur des brancards confortables. Dans ce cas on s'est servi de brancards et autres moyens de transport permettant au blessé de s'étendre de toute sa longueur.

« Les blessés étaient descendus au moyens de palans et trans-« portés à travers les panneaux ou les sabords, sans secousse. »

De semblables moyens ne peuvent détruire les qualités des procédés techniques éprouvés (2).

Dans les cas où l'on ne peut faire autrement, que nécessité se fasse-là, c'est bien ! mais que ces procédés d'exception soient généralisés, c'est contre quoi nous nous élèverons toujours avec autant de fermeté que de conviction.

Pour conclure :

1. La gouttière pour la transmission des blessés graves en toutes positions ; à la condition d'en avoir un nombre suffisant : trois environ par passage, tout autre chiffre inférieur à celui-ci n'ayant aucune signification ;

2. Le cadre en toile s'il n'y a à opérer qu'une descente en direction verticale, ou le lit en métal de Dubois Saint-Séverin (3).

3. Le hamac modifié, comme moyen de fortune ; et enfin le passage à bras dans les cas particuliers, spécialement quand les blessés sont très nombreux et que les autres moyens ont été détruits.

(1) *Arch. de Med. nav.* Appréciations sur la guerre hispano-américaine.

(2) G. Kirker. Traitement des blessés dans les combats sur mer. Dr Clayton. Installation des blessés, idem. *Arch. Méd. nav.* 1901.

(3) Dr Saint-Séverin, idem, novembre 1901.

Est-il nécessaire d'ajouter, en ce qui concerne les transports que ce que nous venons de dire à propos des bâtiments de l'Etat est également vrai, et au même titre, des bâtiments de secours? Les moyens de transports sus-décrits existeront en principe à bord des bâtiments de secours, d'autant plus que le principe de l'uniformité des engins, secours, pansements, médicaments est admis et de première nécessité pour des raisons sur lesquelles nous n'insisteront pas et que, d'ailleurs, la rapidité avec laquelle se feront ces opérations obligent tous ces bâtiments de combat et de secours à avoir chacun un matériel à eux.

Service des brancardiers.

Le service des bracandiers intéresse toutes les marines, parce que sans des bras exercés à relever les blessés, on peut dire que les précautions prises par ailleurs deviennent inutiles ou de peu d'utilité.

La marine allemande, l'une des premières, la première peut-être, a organisé ce service d'une manière technique.

La marine anglaise s'en préoccupe; elle est en instance de constituer un corps de brancardiers, si la chose n'est déjà faite.

Depuis dix ans surtout, les médecins de notre marine ont souvent attiré l'attention sur la nécessité qu'il y aurait, à ne pas se contenter d'insuffisantes prévisions qui nous mettraient en infériorité dans une action sérieuse.

C'est le sentiment de ce besoin, qui paraît être pressant, qui a inspiré les articles nombreux dont les *Archives de médecine navale* se sont faites l'écho depuis 1894 et qui vient de dicter de récents travaux (1).

« La nécessité d'instruire et d'exercer des matelots pour le service « de brancardiers a été depuis longtemps reconnue dans la marine « allemande écrivait, il y a huit ans, le Dr Onimus. A bord, le trans- « port des blessés se fait d'un panneau à un autre, ou le long du « pont, ou bien du bout de hunes ; il varie avec le type du bâti- « ment. L'étroitesse des panneaux, l'obscurité du faux pont, le « grand nombre d'hommes se mouvant dans un espace resserré,

(1) Projet du manuel du matelot brancardier par le Dr Brémaud, médecin en chef de 2e classe, à appliquer dans l'escadre du Nord, 1901.
Par le Dr Meslet, à appliquer à bord de la *Saône*, en 1901.

« sont autant d'obstacles qui ne peuvent être surmontés que par une
« organisation parfaite et une solide instruction de brancardiers. »

S'il y a nécessité de débarquement, le besoin ne s'en fait pas moins sentir.

C'est dans ces conditions que nous a été exposée la création des brancardiers dans la marine de nos voisins.

L'instruction se fait dans leurs escadres, dans leurs divisions navales, dans les dépôts des équipages. Les médecins forment à ce service 50 hommes ayant deux années de présence sous les drapeaux et possédant leur instruction militaire ; on y joint quatre hommes par compagnie de débarquement et par section de canonniers.

Chaque escouade de 50 hommes est commandée par un sous-officier et par un quartier-maître.

Les infirmiers suivent les exercices de brancardiers.

L'instruction est faite par un médecin principal et par deux médecins en sous ordre.

Les exercices pratiques dans lesquels la précision est jointe à la rapidité des mouvements en font la base.

Les ordres qui revêtent une allure militaire sont commandés au sifflet.

Des travaux récents, dont nos médecins sont les auteurs, vont être expérimentés et seront l'objet de décisions qui permettront de rédiger un manuel officiel de brancardiers.

Les sociétés de secours devront se tenir au courant de ces faits et s'appliquer à organiser et à former des brancardiers quand les expériences seront terminées.

RÉSUMÉ

I. Bâtiment de secours officiel.

(1) Consulter : *Ordonnances de la Marine*, Paris, Imp. Roy, 1757.

(1) On consultera avec avantage à cet égard l'article : Secours aux blessés pendant le combat dans la marine anglaise (*Archives de Médecine navale*, novembre 1901).

Il doit y avoir autant d'uniformité que possible entre les approvisionnements officiels et ceux des Sociétés afin qu'ils soient au besoin interchangeables.

Personnel :.. 77-78

a) Médical.

b) Infirmiers.

Importance du recrutement.

Il faut viser, dans l'avenir, à s'affranchir du recrutement des hommes en activité de service, mais à recruter dans les catégories des services auxiliaires, après entente avec le département de la Marine.

Nécessité de les instruire, de les intéresser à l'œuvre en les récompensant, en leur créant de petites pensions.

Administration.. 84

Supériorité du régime autonomique.

Le délégué doit être un médecin de la marine, un homme technique.

Le bâtiment de secours doit être affranchi des attaches militaires pour répondre à l'esprit des prescriptions de la Conférence de La Haye.

De l'utilisation des yatchs.

Les yatchs ne pourraient suivre les escadres, mais rendraient de grands services le long des côtes s'ils acceptent d'être classés.

Ce seraient donc des secoureurs de deuxième ligne, et, sauf exception, des glaneurs côtiers.

Le confortable de leurs aménagements dont bénéficieraient malades et blessés en ferait de précieux auxiliaires. 85

III. — Rôle des neutres.

Les neutres se pénétreront des articles de la Conférence qui les concernent et pourront rendre des secours aux deux partis en se tenant rigoureusement dans les règlements.. 89

Supplément

Quand on voit la rapidité avec laquelle le progrès a repris sa marche en avant, on peut tout attendre d'un avenir prochain.

Nous avons essayé de tracer les moyens pratiques pour assurer les secours aux victimes de la guerre maritime (naufragés, malades, blessés), en quelque circonstance qu'elle se produise, en en quelque endroit qu'elle ait lieu, *conformément aux principes de la Convention de La Haye.*

Mais, pour achever l'œuvre, il faut beaucoup de discipline, de suite dans les idées, d'unité dans l'action.

Il faut que l'action officielle soit nettement séparée de l'action civile ; que la première renforce, complète ses secours à bord des navires de combat en assurant passages et postes, en formant des brancardiers ; qu'elle se réserve les secours de première ligne, comme dans les combats du Continent ;

Que la seconde assure, dans la limite de ses moyens, les secours de l'arrière, les secours le long des côtes et qu'elle ne conserve des secours de première ligne que les dons aux escadres comme elle l'a fait dans le passé ; qu'elle le fasse dans des conditions d'une rigoureuse technicité en ce qui concerne personnel et matériel.

Il faut donc que les deux pouvoirs, département maritime et Sociétés de secours, adoptent un même système d'autonomie administrative, à responsabilités bien définies, et que les approvisionnements soient les mêmes pour les deux ;

Il faut enfin que tout le monde soit convaincu *qu'il n'y a point, dans ces créations, de rôle subalterne, du moment où il n'y a que des rôles nécessaires ;*

Que les fonctions les plus en vue ne sont pas toujours les plus utiles ; qu'il faut s'attacher plus spécialement à instruire les petits, les humbles, en les intéressant à l'œuvre, parce que, sans leur secours, les fonctions de l'organisme seraient compromises.

Quand ces soins seront remplis, quand ces rôles seront assurés, il suffira d'une direction ferme, maintenant chacun à sa place, et en tenant en mains les fils.

Et nous finirons comme nous avons commencé : « La vie est courte, « l'œuvre à édifier est longue et semée de difficultés ;

« L'occasion passe et ne revient pas ;

« L'expérience est pleine de danger. »

Mais il y aura toujours des braves gens prêts à y sacrifier leurs intérêts et leur vie. — Les récompenses sont venues tardivement au secours des premiers apôtres de l'œuvre, qui, après tout, n'avaient pas compté sur elles ; mais cela prouve que ces apôtres ont placé ailleurs leurs espérances ; cela prouve qu'ils ont agi et par amour de l'humanité et pour l'amour du bien.

www.ingramcontent.com/pod-product-compliance
Ingram Content Group UK Ltd.
Pitfield, Milton Keynes, MK11 3LW, UK
UKHW020344230726
13925UKWH00003B/951

9 782016 146422